彼らの激流

大村嘉正

築地書館

彼らの激流 ＊目次

彼らの激流

第一章　ある夏の日に

日本列島がすっぽりと高気圧に覆われた夜、はるかな高み——例えば人工衛星が浮かぶあたり——からこの国を見つけるのはたやすい。無数の明かりが平野や海岸に集まり、つながり、さながら歓楽街のネオンサインのように、暗い宇宙に向けて日本の輪郭をアピールしている。その光は、人の多さとお金の量に比例して眩しい。例えば関東平野は、漂白されたように、ムラなく発光している。そこでは、この電気の光のように輝かしい人生、才能が集まっているのだろう。そして、自らが発する輝きは弱くとも、他の人の輝きを受けて光る人生が、数え切れないほどあるのだろう。

その一方で、光の少ない、闇が優勢な地域もある。夜の北極圏、夜の砂漠、夜の大森林と同じ闇が、わずかながら日本には残っている。そこに暮らす、または魂の一部をそこに置く若者たちの話をしようと思う。人生を多少なりとも華やいだものにするには自分で強く輝くしかない、そんな辺境の峡谷を選んだ、彼らのことを。

＊

車のエンジンはずっと騒々しく唸っている。杉と照葉樹の森のなか、九十九折《つづらおり》の細い坂道。天蓋となった枝葉の隙間から光がこぼれ落ち、アスファルトの路面を豹柄にしている。そして助手席ではマーク・トレストンがリラックスしている。

さっぱりと短めで軽くカールしたライトブラウンの髪に、ブルーグレーの瞳。ケルトの血が入っているのかもしれない。すらりと背は高い。しかし痩せているというのではない。

時折、背中がシートに沈む急坂になり、ひどいヘアピンカーブが現れる。ハンドルを数回切り返さないと進めない。マークが穏やかに笑って「やっぱり普通の車じゃキツイネ」と言う。「ここは軽トラックでしか通ったことがない」

岩のかけらをタイヤがはね飛ばす。いくつかは林のなかへ消え、いくつかは車体の底を打った。

「この林にはムササビがいるよ」マークが思い出したように言う。

ふと、母国ではカンガルーをよく見かけたのだろうかと思い、私は訊く。軽い冗談だと理解したのか、彼はそれに答えずに話した。

「ブリスベンの町から十五キロぐらい離れた大学に通っていたのだけど、そこにはオオトカゲがいたな。一メートルぐらいの」

移民の国オーストラリア。マークの先祖はアイルランドからの入植者だった。

「アイルランドの親戚の家に行ったことがある。ダブリンの近くの町でね、城みたいな家だった。ボノの豪邸が近所にあったよ」

「ロックスターの？」

「イヤー、Ｕ２のボノさ」

窓は全開にしている。夏の陽に灼かれた杉葉の香りが私たちを洗う。思いつくままに、マークが「ブリスベン・ラインを知ってる？」と言う。

「ＷＷⅡ（第二次大戦）のときにね、もし日本軍がオーストラリアに攻めてきたら、最悪のときにはブリスベンから北を見捨てると、オーストラリア政府は非公式に決めていたらしい。そこが最終防衛ラインだったんだ」

もしかしたら私の祖父とマークの一族が殺し合っていたかもしれないね、と私はつぶやいた。しかし運命は転がり、二人は四国の山奥で、今こうして話している。

周りが明るくなり、集落にたどり着く。急な斜面に、苦もなく数えられるだけの家々が離れて建ち、狭くてうねるような畑と木立がその間を埋めている。標高は約四百メートル。山肌はさらに六百メートル上の山頂へと続いている。集落の正面は上下左右に広がる谷だ。それを挟んで一キロ向こうには、急な山肌に引っ掛かるように数軒の民家が立っている。孤独な感じで、ぽつり、ぽつりと。対岸からこちらを見ても、同じような風景なのだろう。

マークの家から見た峡谷の風景。東西に延びる四国山地を、吉野川が南北に分断している。

この辺りには、似たような小集落が山の尾根に、中腹に、谷に点在している。その多くは六十五歳以上の人口比率が五〇パーセントを越える集落で、学術用語では「限界集落」と呼ばれている。いずれ消滅に向かう集落、という意味だ。

この雲上の山里でマークが暮らすのは築四十年ぐらいの木造の平屋で、谷に面して細長い造りをしている。広さは二十坪ぐらいだろうか。トイレは母屋から十数歩離れた別棟。マークは広いウッドデッキを作り、トイレと母屋をつないでいる。風呂も彼の手作りで、浴槽はステンレスだがそれ以外は岩風呂風だ。四年前に日本人の奥さんと娘の三人でこの家に越して来たとき、風呂はなかった。しばらくの間、大きなタライを風呂にしていたらしい。水は山からの天然水。このところ日照り続きで、水桶に落ちる水流は細い。「ときどきの夕立で、なんとかもっている」と、彼は少し困った顔をした。

だから、というわけではないのだろうけど、マークは水やお茶の代わりに缶ビールを持ってよこす。ウッドデッキで二人で飲んでいると、軽トラックが家の前の坂で止まり、運転席の婦人がマークに声をかけた。助手席には中学校帰りの娘さんが座っている。

田舎のおばちゃんと若い白人が、隣近所同士だけに通じる会話をした。土佐弁で。私はそれを感慨深く眺める。

マークのようにこの山里へ移住した青年たちを、私は何人か知っている。二十〜三十代の彼らは、マークと同じような家、つまり現代の家屋では常識となっている便利さや、造りの確かさを欠いた家で暮らしている。過疎化によって空家はそこかしこにあるものの、借りられる物件はとても少ない、というのが理由の一つ。

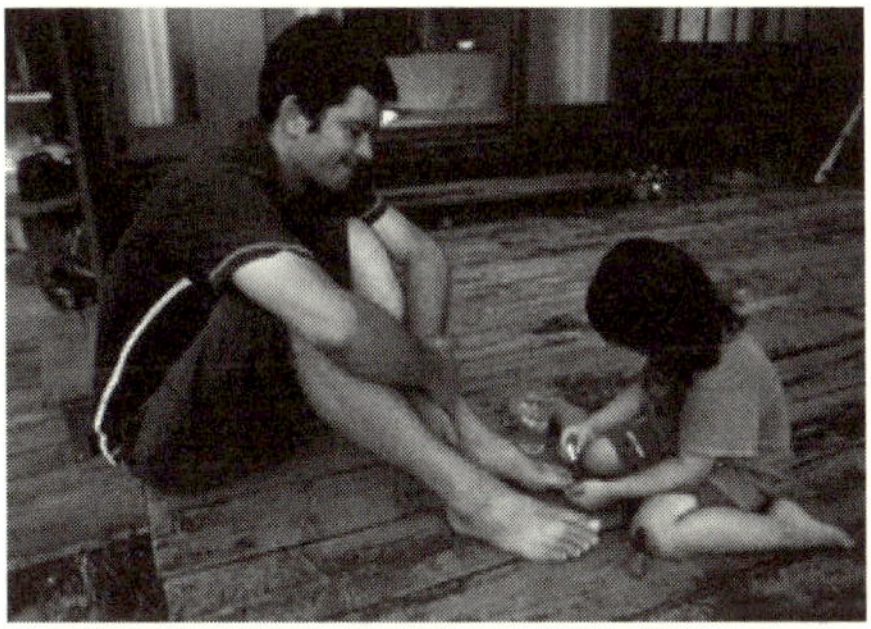

夏の夕暮れ、自慢のウッドデッキで、一人娘にマニキュアされるマーク。

しかし一方で、彼らは不便さを楽しんでいるような節もある。ある男などは、屋根と柱と壁は使えそうだが、それ以外はほぼ廃屋にしか見えない茅葺の古民家をわざわざ借りた。家を呑み込んだ密林をチェーンソーで切り開くのに二日を費やすほどの荒れ方だった。しかし彼は、「天井をはずしたら、すごい梁が出てきたんですよ！」と、まったく楽しそうだった。

とはいえ、田舎暮らしへの憧れがマークたちをこの山里へ導いた、というわけではない。彼らの心にあるのは川だ。しかも、その流れはとびきり激しい。

それは、マーク邸のウッドデッキの前、V字に大きく開いた谷の先にある。高度差二百メートル下の峡谷の底で、銀色に光る一筋になっている。

「最高の景色ネ」マークの表情には自慢と満足が見えた。谷の東斜面にある彼の家は、夏の西日でたまらなく暑い。しかし、それは問題にならないらしい。

「もう一本イク？」マークが缶ビールを差し出す。

それに、熱い太陽と冷えたビールの相性は、最高だ。

＊

裸足で川辺を跳ねるように歩く。崖と川に挟まれた、狭くて長い河原。一抱え以上の岩石がひしめいている。その表面は、川の流れに引っかかれ、剝ぎ取られて、荒っぽい。しかしあらゆる角は丸く摩滅し、足の裏を優しくとらえている。そしてじわりと熱い。岩に残る濡れた足跡が、古いものから順に蒸発し、消えていく。乾きが私たちを追いかけてくる。

無防備な足元とは対照的に、膝から上の姿は野性的な川にふさわしい。サーフショーツ、ピタリと上半身にフィットして水を弾くラッシュガード、腰にはスプレースカートを穿き、フローティングベスト（救命胴衣）で胴を締め付けている。仲間のフローティングベストにはダイバーズナイフやホイッスル、漂流したカヤックなどを回収するための伸縮ロープが装備されている。そして頭には派手なグラフィックのヘルメット。その隙間から、髪の毛を伝って雫が頬を降りていく。

　川辺で一番高い岩に登り、幅約五十メートルで百五十メートル以上続く荒瀬を見下ろす。岩盤と岩塊で凸凹になった川底が生み出す、白い奔流のカオス。ずっと上流から聞こえていて、すっかり馴染みになった轟音が、私たちの周りで飽和している。

　一口に激流といっても、そのなかには様々な流れが渦巻いている。落差のある落ち込み、覆い被さる返し波、逆流、川底へと吸い込む流れ、煮えたぎる湯のような水面——。そしてスポットにはまれば、人を含めて四百キロ以上のラフトボートが空に弾かれ、二秒もかからずに転覆する。

激流下りのファッション。装備は万全、荒瀬で泳がされても、サバイバルできる。

　私は、なんでまたこんなことをしているのか、と思う。

　頭のなかで、この激流での危険を羅列してみる。転覆して逆さになり、水中の岩で顔面を強打する。不意な水圧をパドルに受けて肩を脱臼する。川底の岩や障害物に体の一部が引っかかり、二度と浮かばない——。もちろん、ちゃんとやれば大丈夫だし、ちゃんとやることは難しくないと分かっている。しかし、不安を消す助けにはならない。

「真んなかを行こう」ミコが早々と岩から飛び降り、上流へ、乾いて薄くなった足跡をたどっていく。行く先の水辺にはオレンジ、黄、赤、ブルーの四艇のカヤックが見える。長さはそれぞれ二メートル前後、幅は人の肩幅ほど、重さは十四〜十八キロぐらい。急流下り用というやつだ。離れて見ると、砂浜に打ち上げられた極彩色の木の葉のようだ。

ユミは少しこの荒瀬を眺めたあと、無言でカヤックに戻っていく。念のため一応見ただけらしい。ミコと同じく、彼女もこの峡谷で五年以上ラフティングのガイドをしてきた。都会からの移住者で、峡谷を見下ろす山腹の一軒家で暮らしている。フリークライミングの国体選手でもある。当然、贅肉はない。体重を感じさせない身のこなし。贔屓目に見れば、舞踏家のようでもある。

岩の天辺で迷っているのは、ここを初めて下る私だけだった。

隣で、和服がよく似合いそうな恰幅のレレ——彼もラフティングのガイドだ——が、「まあ、なんとかなりますよ」と言う。時代劇でいうなら『上方の大店の若旦那』のような、のんびりした口調なのだが、私は少し驚く。いつもならこちらの様子をうかがいながら、「気乗りしないのにやっても、楽しくないですからね」と、逃げる勇気——つまりカヤックを肩に担いで陸から迂回すること——を援護してくれていた。

何かをするとき、レレは「楽しく行くこと」をテーマにする。彼はかつて職業訓練校に通っていたのだが、その当時を振り返ってこんな話をした。

「なんか僕、そこで浮いてるんですよ。四十、五十代のおじさんが多いんやけど、みんな職探しとか景気の話をするんですよ」

失業中の身ならたいていそうだ。

「でも、そんなことを話してもしょうがないし、面白くないし、暗くなるだけやし。まあ、いいんですけどね」

職を失うという非常事でも彼は楽しむことを優先する。それなのに、楽しいとは素直に思えない挑戦を私に促している。

「この機会に下っておいたほうがいいですよ。みんながレスキューしてくれますしね」

ラフティングツアーの一行がやってきた。それを先導するオレンジ色のサポートカヤックが、荒瀬に向けてパドルのピッチを上げていく。サトシが漕いでいる。暴れ馬を乗りこなすように大きな三角波を越えたカヤックは、落差一メートルほどの落ち込みを飛び越え、着水。優雅だ。原野を疾走する野生獣のように美しい。居並ぶ白波は彼を祝福しているように見える。

「ああなりたい」狭いカヤックに下半身を押し込み、スプレースカートで密閉し、流れに漕ぎ出した私はそう思う。

水中の大岩によって盛り上がる波を利用し、サトシとカヤックは大きくジャンプした。

先を行くユミのカヤックが、瀬の入り口の波で軽く上下したあと、うごめく水平線に不意に吸い込まれた。ただ事ではない消え方に見える。そして私には、〈いったい何をしてるんだろう〉という弱気が蘇ってきた。しかし、どうこうする間もなく川は収斂されていく。その狭さからはみ出た水がカヤックの周りで盛り上がる。

世界がガクガクと揺れる。左右から水の塊がなだれ落ちてきた。壁のような波を駆け上がり、尖った三角波の群れに、ピンボールのように弾かれる。暴力的にスターン（船尾）が沈められ、ひねられ、カヤックは天地逆さになった。気泡を多量に含んだ脈打つ水流が身体にぶつかり、すり抜けていく。エスキモーロールで起き上がる。

しかし、すぐにバウ（舳先）を渦につかまれ、ひねられて転覆する。水中の岩が「ガリ」とヘルメットを削る。気持ちを挫かれ、カヤックから脱出した。

気泡が多くてフローティングベストの浮力が殺される。浮き上がれない。波の谷間でぴょこんと一瞬空気中に顔が出る。急いで息を吸う。すぐに大波に呑まれ、白くて見通しのきかない水中で両手両足を使ってあがく。酸素、酸素、酸素を！

私とカヤックは離れ離れになり、なすすべもなく波に巻かれていった。行く先は、急坂を転げ落ちる歪な玉のように、定まらない。

岸近くの淀みで待機していたユミが、弧を描くようにして流れに入る。私は彼女のカヤックのスターンにつかまり、岸へ誘導されていく。

すごい勢いで流されていくカヤックが波間に見えた。レレとミコ、そしてツアー中ながらサトシのカヤックが追跡を始め、波を越えながら視界から消えていく。私がとり残された岩壁の岸にはラフトツアーの一隻が素早く接岸、それに飛び乗ってみんなを追いかける。

三百メートルほど下流の砂浜に、私のカヤックを囲むようにしてサトシたち四人がいた。少し先には次の荒瀬が見える。危ないところだった。

「みんな、すごくええ仕事でしたよ」レレは笑いながら、しかしちょっと疲れた声で言う。そして、「大丈夫ですか？　行けますか？」と訊く。

もちろん大丈夫だし、行ける。この仲間とともに、川の人であるならば。

それに行きたくなくても、今ここで峡谷の底から脱出するのは大変だ。ずっと上の人間界へと戻れる地点は限られている。

「よし、ガンガン行こう」

みんなにそう言って私は笑顔を作る。けれども目は少し泳いでいる。

＊

この峡谷の生い立ちについて話そう。

たいていの川は、その誕生以降、地殻変動によって分断され、流れを変えてきた。「高いところから低いところへ」という水のセオリーに従って今の姿になった。しかしこの川は、隆起していく山脈に押し戻されることなく、強い流れでそれを突き破って海を目指した。

もちろんそのプロセスは、大洪水のようなカタストロフィではない。数万年間にわたる静かな変化だったのだろう。

とはいえ、地球誕生以来の時間軸に立てば、大地から押し出されて天を目指す山々を、川が一刀両断していく光景に見えるはずだ。

その現場は四国・吉野川（全長一九八キロ）の中流域にある峡谷で、「大歩危《おおぼけ》・小歩危《こぼけ》」と呼ばれている。流れに従えば峡谷の前半は大歩危で、後半が小歩危。地名の由来はいろいろあるが、「大股で歩くと危険」「小股で歩いても危険」という説が地元ではよく馴染まれている。幾層にも衝立のように聳える山々を分断した川の切れ味は、なかなか鋭い。狭いところで幅二十メートルしかない峡谷の底からは、標高差にして約七百メートル上にある両岸の山頂は見えない。そんな峡谷が約三十キロにわたって続く。そして川は、穏やかだが力強い流れと、巨岩を叩き、揺さぶる荒瀬を繰り返している。

また、年に何度かは普段の流量の五十倍に増水する。百五十倍になることもある。だから人々は、川面から四十メートルくらい上、国道や鉄道のある山腹で暮らしている。国道や鉄道の開通前から存在する集落だと、さらに数十〜数百メートル登った辺りに点在している。十数軒の民家が、等高線のように開拓された農地のなかにぽつりぽつりとある。

かつてこの峡谷の流れは実に美しかった。水中眼鏡をつけて川面に浮かべば、十五メートル下の川底に、上流に向けて泳ぐたくさんの真鯉の群れを見たという。流れは、両岸に連なる緑がかった岩や雑木林の色を受けてほんのりと染まっていた。また、大鮎を育む荒瀬の川としても釣り師の間では有名だった。

大歩危・小歩危では、巨岩を叩き、揺さぶる荒瀬と、穏やかだが力強い流れを繰り返す。

だが一九七五年、峡谷の約三十キロ上流に巨大なダムが完成し、冷たく濁った水を放水し始める。数本の支流からの澄んだ流れで薄められるものの、かつての透明度は失われてしまった。さらに、峡谷の下流もダムによって堰き止められ、春に海から遡上する稚鮎の数は激減した。

そうこうするうちに、同じ四国にある四万十川が「日本最後の清流」として注目を集め、観光客が殺到するようになった。峡谷の住民は「ダムができる前は、この川こそ日本一の清流だった」と苦しい自慢をしたが、すでに後の祭りである。残ったのは、人に御しがたい激流だけになってしまった。

しかし人間は進化する。吉野川がダムで分断されてから十年以上が過ぎた頃、鮎のように激流と上手く付き合える人間が現れる。彼らは激流を下れるボート――カヤックやラフトボート（ゴムボート）――を携えてやってきた。そして、「なんてこった、ここはすごいぜ」となった。

北中米や南半球の川を渡り歩いてリバーガイド（急流下りツアーの案内人）をしている白人の若者が、この峡谷で五ヶ月間ほど暮らしたことがある。

「故郷はカナディアンロッキーの麓なんだ」という彼が生まれたのは、最寄りの道路から山道を歩き、ボートで川を渡り、再び山道を歩いた先にあるログハウスだった。周りを囲むのは、オオカミやクマやムースの暮らす原生自然（ウイルダネス）だ。彼の両親は白人で、〈大地に帰れ〉世代の人たちだった。その暮らしは、電気も水道もない家で、なるべく自然の恵みで生きていく、というものだ。小学校の児童はとても少なく、ほとんどが先住民の子だったという。

そんな大自然の申し子のような彼が、この峡谷の激流をこんなふうに評価していた。

「瀬はいい感じだね。激しいけれど、フローティングベストを着ていれば落ちてもまず安全だ。水量が多いときは世界クラスの急流だと思う。水温は、温かくはないけれど、ウエットスーツを着れば真夏以外でも泳いで気持ちがいい。この川よりも激しい瀬や、澄んだ流れや、美しい自然に恵まれた川は世界にたくさんある。でも、エンジョイできるという点では、大歩危・小歩危はかなりいい線だよ」

過疎化に打つ手のないこの峡谷は、パドラー（カヤックなど、パドルで進むボートを操る人）にとって今や最高にホットな場所だ。そして彼らの一部はここに住み着き、激流に人生の一時を捧げている。

かつて、ここの大鮎は愛されたことがあるし、峡谷の風景も愛でられてはいた。しかし、この川の流れそのものを愛する人々が現れたのは、その長い歴史のなかで初めてのことだった。

＊

レレたちがすでに排水しておいてくれたカヤックに両足を押し込み、再び流れへ。すぐにカヤックは加速していく。この日、十か十一番目の瀬と轟音が迫る。

口のなかが渇いてきた。

峡谷にはざっと見たところ四十二の瀬がある。そのうち名前を持つ瀬は二十ほどだ。とはいえ、ここの瀬は無名でも激しい。カヤックを空に放り上げ、川のなかへ沈める力がある。日本の他の川から来て峡谷を下るパドラーのなかには、「なんでこの瀬に名前がないんだ！」と嬉しそうに怒る人もいる。

そんな荒瀬を一つクリアするたびに、川の人たちは気持ちのやり取りをしながら、心を強くする。

取り付く島がない岩壁を洗いながら、川は流れていく。

支流が滝になって頭上から降ってきた。

荒瀬のことを英語では「ホワイトウォーター」という。そこでは、眩しい白の世界がカヤッカーを包む。

足跡があったとしてもそれは動物のもの、という灰色の砂浜が、岩に囲まれてぽつりぽつりと現れた。

峡谷は深く、道路や家屋など人の暮らしはずっと上にある。しかも、それらはたまにしか視界に入らない。川に集中していれば、その存在を忘れられる。

野性味の強い川だ。何かあったとき助けを求めるには、少々骨な川だ。頼りにできるのは自分、そして仲間だけ。

巨大に成長した入道雲がとうとう耐え切れなくなって、豪雨と雷を落とし始めた。小さな波なら押しつぶすぐらいの量と勢い。目を開けているのが辛い。雨に激しく打たれた川面は、薄く霧がかかったように霞んだ。そして、雷鳴がぶつかった山々は、地獄のドラムのような音と振動で震えた。

しかしパドルを漕ぐペースは崩さない。次々と瀬が現れた。私たちは弾丸のように下った。瀬と瀬の間の穏やかな区間でも、強い流れに乗って滑るように進んだ。やるべきことはただ一つ――下流へ。シンプルな夏の一日。

カヤックを担いで岩場を四十メートル登り、人間界に戻る。いつしか驟雨は上がっている。しかし峡谷の底では、夕刻の四時ですでに太陽の姿はない。道路わきに止めた車の陰で素早く着替えた私たちは、なんとなく別れがたい気分になっている。そして、夕日を求めて峡谷を登っていく。川の人の家のどれかが、その先にある。

そこはたいていた古びていて、部屋の数と広さだけが自慢の家だ。私たちは畳の座敷で遠慮なく飲み、食べ、話し、笑う。引き戸は開け放たれ、濡れ縁に置かれた蚊取り線香の細い煙が、室内へとたなびきながら消えていく。たいてい傍らには、愛犬――典型的な中型の雑種だったり、ミニチュアダックスだったりする――が、一匹か二匹いる。

十人ぐらいで囲む食卓の上を、料理をのせた皿や缶ビール、そして会話が行き交う。川の人たちは、もちろん激流下りのことや、近所の山々、渓流のことを話す。自宅の庭にある小さな畑での野菜作りや、安い材木が手に入らないかな――それを使って樹上の家とかを作りたいね、といった話もする。つまり主な話題は、ここでの暮らしをいかに楽しむか、である。

その場に、川の人でない地元の若者が居合わせたりもする。そして、「なぜこの人たちは楽しそうに暮らしているのか？」という戸惑いを浮かべるときがある。

この地域には、一般的な若者が望むようなスポットがない。二〇〇四年になってようやくコンビニが一軒開店した。しかしそれだけだ。洒落たカフェ、バー、雑貨屋など、デートで使えそうな場所はない。

だいたいここでは、ないものよりあるものを数えたほうが早い。仕事の種類は少なく、職業選択の自由なんて絵空事だ。田舎ならではの古い考えやしきたりに居心地の悪さを感じたり、狭い世界ゆえの息苦しさといったものもある。

川の人たちが暮らす家の一例。この峡谷の山里では典型的な古民家。

受け身でいる限り面白くない土地だ。人生を自分で選択したか、させられているかの違いで、ここでの暮らしの質は決まってくる。

夜がふけてきた。私たちは寝袋やタオルケットを腹の上に乗せ、広い畳の間にちらばって寝る。夏山の夜風が縁側からふわりと入ってくる。

添い寝していた私の犬が夜中に何度か起き上がり、低く唸った。サルかタヌキ、それともイノシシだろうか。

小便をさせようと、犬を連れて縁側から外へ出る。

夜露で匂い立つ林の香り。空にはたくさんの星。

今このとき宇宙から眺めれば、照明の少ないこの峡谷は暗くてよく分からないのだろう。

しかし、こちらからの夜空への見通しは、やたらといい。

第二章　流れ、よみがえる

三月下旬、昼と夜の長さは同じになる。けれどもここの日照は初冬の北欧のようだ。峡谷はだいたい南北に延びている。この季節、空が明るくなってから約二時間後に東岸の山並みから太陽が昇る。そして、西岸の山稜に沈んで二時間ほどあとに一番星が輝く。

下界ではすでに春の優しさが頬をなでていた。ここの大気は昼でも凛としたままだ。移動の季節である。この峡谷をずっと下った先にある河口の干潟では、越冬していた何種類ものカモが旅支度を始めている。気の早いものはすでに北へ飛び立った。それと入れ替わるように、各地に散っていた川の人たちが峡谷へ戻って来る。

あるものは雪国から――スキー場でバイトしつつ、雪山を登ったり滑ったりして、冬をしのいでいた。

またあるものは南方から――物価が安く、暖かい国で冬を忘れていた。

そして都会から――街の女か男にうつつをぬかす、またはそれ以上のことをして、それなりの冬を過ごした。

冬枯れで細くなった川の流れが、しだいに力強さを取り戻す。静かだったこの地域が、男女国籍を問わず青年の声で華やいでくる。ドレッドヘアの白人、筋肉隆々の黒人、長髪、金髪、髭面の日本男児など、田舎では浮いてしまう人たちもやってくる。川は再生し、人は再会する、それがこの峡谷の春。

だからヨーシンからの電話は不意打ちだった。

「久しぶりです、お元気ですか？――ええ、北海道から帰ってきました――来月からオーストラリアに行くんです――いえ、できるだけ長い間――で、僕のカヤックを買いませんか？」

常識的には日本のラフティングのオフシーズン、つまり冬に、川の人たちは南半球の川へ行く。これから始まる稼ぎどきをふいにしてどうするのか。

ヨーシンが所属するラフティング会社の事務所に行く。一階は峡谷を見下ろす広いテラスで、ラフトツアーの客が寛げるよう、丸いテーブルや椅子をしつらえてある。またその一角には、真新しい原色の急流用カヤックが十数艇立て掛けられ、奥にはアウトドア用具を揃えたショップもある。テラス下の地階は倉庫だ。ラフトボートやパドルなど用具類が整然と並んでいる。

テラスには三人の男がいた。トオルとレレは、レスキューのときに使うロープワークを確認していた。ダイスケの傍らには材木や工具箱、電動ドリルがあった。

「ラフティングシーズンが始まるまで大工です。看板を作ったり、事務所の改装とか」

いつもの早春のように、ふっくらとした顔でダイスケは言った。しかし激流下りのシーズンが始まれば、みるみる贅肉が落ち、筋肉質な身体になる。

時折通り抜ける風が、緩やかなのに、冷たい。

リバーガイド歴2シーズン目のトオルは、この冬、ベトナムやカンボジアを一人旅してきた。4シーズン目のダイスケは、大阪のアウトドアショップでバイトをしていた。

「それはショップ運営の勉強もかねて？」

自分の店を持ちたいという夢を、いつだったかダイスケは語っていた。

「それもありますけどね。でも店を持つなんていつになるか分かりませんよ。金も全然貯まらないし」それに、とダイスケは続けた。

「人は、何か秀でたものがある人間に集まるじゃないですか。でもオレにはまだ『コレだ』というものがない。そんなことでは個人経営のアウトドアショップは難しいですよね」

夢の実現には粘るしかないよな、という話をしていると、ヨーシンがジムニー（ジープの軽自動車版といった車）でやってきた。

彼のジムニーは、〈今どきこんな車を使うか？〉という状態だ。ボディーのいろんなところが錆びている。何ケ所かは鉄板が赤い粉になっている。齧られたウエハースのような部分もある。エアコンもないが、この点に関しては、峡谷に暮らす川の人たちの車では珍しくない。

私は爪でリアハッチの錆びを掻いた。

リバーガイドたちはアウトドアのプロ。プロのRV車とは、例えばこんなものだ。

「これで北海道まで往復してますし」と、軽く咎めるようにヨーシンは言った。

約五ヶ月間見ないうちに、彼の髪は広がるように伸びていた。揉み上げからつながる顎髭に縁取られた顔は、陰影を増していた。求道者という雰囲気が強くなっている。

「上の人に、おまえはバカだ、オーストラリアに行ってもこき使われるだけだぞ、やめとけ、とけなされました」

ややニヒルないつもの笑い顔と低い声で、ヨーシンは話した。

「もっと地道に、派手なことをしないで――みたいなことを言われて。ここに残ってショップの店員をしろとか」

「今さらねえ」と二人で笑った。この辺境の峡谷でリバーガイドを生業にし、激流下り三昧の暮らしをする。世間から見ればすでに浮世離れしている人生だろう。とはいえヨーシンは今、二十五歳。いわゆる地道で安定した世界に戻れる時期でもある。

「やるなら今しかないかな、と思って」

何やら思いつめたような言葉だねと返すと、彼は少し訂正した。

「そうじゃなくて、本当にひょんなことからなんです」

詳しく聞くと、オーストラリアのケアンズでリバーガイドをしている友人が日本に帰ってくる、日本人ガイドの欠員ができるので、そこにヨーシンが入ったらいいんじゃない、ということらしい。日本人観光客が多いから、英会話がそれほどできなくてもラフティングの仕事はあるという。

「急に決めたことだから、ケアンズがどんなところかまだ知らないんですよ」

都会で、郊外には熱帯雨林があって、海のすぐそばで、グレートバリアリーフまでそう離れていない、噂ではゲイが結構いるらしい（あくまでも噂だ）——という話をすると、真っ正直に「へえ」を繰り返した。上の人の心配も分かる気がした。

「家の当ては？」

「とりあえず向こうに行って、バックパッカーズ（貧乏旅行者用の安宿）にしばらく泊まりながらフラットを探そうかなと。貸部屋はいろいろあるみたいです」

「向こうで頼りにできる人は？」

「何人かいます」

とにかく外国でしばらく暮らしてみたい、そこで自分がどうなるか見てみたい、ずっと先におぼろげに描いている夢は、地元に帰ってシーカヤックツアーの会社をやること、などを彼は語った。彼の故郷には、フリーダイバーのジャック・マイヨール（映画『グラン・ブルー』のモデル）が幼年期に海水浴をしていた美しい海がある。

「外国のネイチャーツアーのノウハウを学べるかもしれないし」とヨーシンは言う。

ところで彼女とは離れ離れになるけど大丈夫なのか、と私は訊いた。安定した暮らしも金もないが、彼は恋人には恵まれていた。彼に限らず、ラフティングのガイドはモテる。

「いいえ、一緒に行くんです」そして彼はやや自嘲気味に話を続けた。

「実は俺、いま金が全然ないんです。だから、向こうで稼げるようになるまでは彼女に養ってもらうことになりそうで……。不安じゃないけど、どうなるのかと考えちゃいます」

私はかつての自分を見ている気がした。

「そんなの気にすることないよ。俺もね、結婚する前にユカと一緒にたくさん旅をしたよ。セダンのトランクと後部座席にキャンプ道具や折畳式カヤックを積み込んで、一ヶ月間北海道を周遊したり——。走行距離が十五万キロを超えたボロ車だった。そのときは何度かパトカーに追走されて、職務質問を受けた。地下鉄サリン事件が起きた年でね、犯人がアベックで逃走していた時期だったんだ。それから、自転車を漕いでアラスカを約千五百キロ旅した。スコットランドの北端にある、風が強くて木が生えない島々を巡りながら、島伝統のセーターの編み方を学んだりもしたよ。

そのうちのいくつかは、ユカに旅行資金を借金した旅だったさ。だいたい、男が稼いで女を養うなんて、もうそんな時代じゃないよ。一緒に生活できているなら、どちらが稼いでいるなんてどうでもいいことさ」

出発は二週間後だと彼は言った。

私は彼のカヤックを受け取った。代金は二万円。新品だと定価は約十五万円。相当傷んでいるカヤックだが相場より安い。

「いいのか、金が必要だろう」

「いいんです、世話になってますから」

餞別として、写真の好きな彼にネガフィルム十本、優れた戦争写真家の著作を一冊、胸ポケットに入る革装丁の英和・和英の辞書を渡す。この辞書は、私がヨーシンぐらいの歳の頃、今の彼のように旅立つとき、友人らが贈ってくれたものだ。

それを開いてヨーシンが言った。

「見返しに、なんか書いてありますよ」

それはかつての私に宛てられた激励文だった。そこそこの給料だけど安定した会社を捨て、原野への旅に出る私を、面白がったり、理解に苦しんだり、少しばかり寂しく思ってくれた人たちの言葉が、縦に横に綴られている。

「大事なものじゃないんですか」

まあ、そんな臭い励ましは今の俺には必要ないからね、と答えると、なんとなく二人で笑った。

「缶コーヒー、おごるよ」

作業をしていた男たちにも声をかける。

「今年は、〈俺たちの激流〉をやろうか」

昨年、このラフティング会社に所属する三人の女性ガイドの話を某雑誌に掲載したところ、ちょっとした反響があったのだ。

「いいねえ、誰をメインにする？」

「みんな脱いで、筋肉を自慢する写真とか載せたいな」

「レレさんはやばいんじゃない。腹が」

焚き火の会をやろう、シーカヤックで瀬戸内の島巡りをしようなどと、今年の計画を肴にコーヒーをする。

「いいなあ、楽しそうだなあ。なんだか残りたくなってきた」とヨーシン。

「ここはみんなと騒げるし、居心地がいい」

「旅に出る、そういうタイミングなんだよ」私は彼を励ます。

帰り道、影になった峡谷で車を走らせながら、やはり寂しいなと思う。若く、人生を模索していて、どこか見どころのある友人を持つことは楽しい。しかしそこには、別れの予感がつきまとっている。

郵 便 は が き

料金受取人払郵便

京橋支店承認

8322

差出有効期間
平成21年９月
９日まで

104-8790

905

東京都中央区築地7-4-4-201

築地書館 読書カード係 行

お名前	年齢	性別 男・女
ご住所 〒 tel e-mail		
ご職業（お勤め先）		

購入申込書

このはがきは、当社書籍の注文書としてもお使いいただけます。

ご注文される書名	冊数

ご指定書店名　ご自宅への直送（発送料200円）をご希望の方は記入しないでください。 tel

読者カード

ご愛読ありがとうございます。本カードを小社の企画の参考にさせていただきたく存じます。ご感想は、匿名にて公表させていただく場合がございます。また、小社より新刊案内などを送らせていただくことがあります。個人情報につきましては、適切に管理し第三者への提供はいたしません。ご協力ありがとうございました。

ご購入された書籍をご記入ください。

本書を何で最初にお知りになりましたか？
□書店　□新聞・雑誌（　　　　）□テレビ・ラジオ（　　　　　）
□インターネットの検索で（　　　　）□人から（口コミ・ネット）
□（　　　　　）の書評を読んで　□その他（　　　　　　）

ご購入の動機（複数回答可）
□テーマに関心があった　□内容、構成が良さそうだった
□著者　□表紙が気に入った　□その他（　　　　　　）

今、いちばん関心のあることを教えてください。

最近、購入された書籍を教えてください。

本書のご感想、読みたいテーマ、今後の出版物へのご希望など

□総合図書目録（無料）の送付を希望する方はチェックして下さい。
＊新刊情報などが届くメールマガジンの申し込みは小社ホームページ（http://www.tsukiji-shokan.co.jp）にて

《ノンフィクション》

世界がキューバ医療を手本にするわけ

吉田太郎[著]　◉3刷　2000円＋税

マイケル・ムーア監督の最新作“シッコ”で取り上げられたキューバ医療を、市井の人びと、医師、研究者、保健医療担当官僚へのインタビューを通じて克明に描く。

先生、巨大コウモリが廊下を飛んでいます!

鳥取環境大学の森の人間動物行動学

小林朋道[著]　1600円＋税

動物たちと人間をめぐる珍事件を人間動物行動学の視点で描く、ほのぼのどたばた騒動記。あなたの“脳のクセ”もわかります。

反★進化論講座

空飛ぶスパゲッティ・モンスターの福音書

ヘンダーソン[著]　片岡夏実[訳]　1800円＋税

ダーウィンからアインシュタインまでお世話になった教団?!　アブナイ宗教やトンデモ科学にだまされない力が笑いながら身につく！

復刊ドットコム奮戦記

マニアの熱意がつくる新しいネットビジネス

左田野渉[著]　◉2刷　1700円＋税

業界のタブーも恐れぬ交渉で数々の本を甦らせてきたエピソードと、出版界のニッチをビジネスにしたその血と汗と涙？のストーリー。

魂の民主主義

北米先住民・アメリカ建国・日本国憲法

星川淳[著]　◉2刷　1500円＋税

アメリカ建国は先住民の部族連合がモデルだった!?　民主主義の「もう一つの源流」を、1000年のときを超えてたどる魂の旅。

プリズン・ボーイズ　奇跡の作文教室

サルツマン[著]　三輪妙子[訳]　2200円＋税

重松清氏、推薦！

ロサンゼルスの重罪少年院の作文クラスを舞台に繰り広げられる感動のノンフィクション。

《ロングセラー》

ネイティブ・アメリカン＝叡智の守りびと

ウォール＋アーデン[著]　船木アデルみさ[訳]

◉3刷　4800円＋税　　全米各地のインディアン居留地を訪ね、スピリチュアル・エルダー（精神的長老）たちの言葉を記録した、全米ベストセラー。オールカラー。

人間生命の誕生

三木成夫[著]　◉4刷　2400円＋税

死後ますます評価の高まる著者の論考集。未だ成書にされていない論文、講演録、エッセイなどを編んだ、人間生命の根源を考察する「三木学」のエッセンス。

黒髪の文化史

大原梨恵子[著]　◉6刷　4700円＋税

人びとの暮らしの中で髪形はどのように位置づけられてきたのか。奈良から明治まで、時代精神を映しだす鏡面としての髪形を、豊富なエピソードをまじえて結いあげる。

沖縄舞踊の歴史

矢野輝雄[著]　◉2刷　4700円＋税

古書店でしか手に入らなかった幻の名著が復活。伊波普猷賞を受賞した著者が、沖縄舞踊の発達と変遷など、歴史的展開の経緯を跡づけた貴重な書。

《土門拳　写真とエッセイ》

筑豊のこどもたち

1959年暮れの筑豊炭田の厳しい現実を、子どもたちの動作や表情を中心に映像化した、リアリズム写真の名著。土門拳の原点ともいうべき作品。

◉19刷　2700円＋税

死ぬことと生きること［正］［続］

ひたむきに日本人と日本文化に取　　撮り続けてきた土門拳の鮮烈な　セイ集。著者自選の写真　印刷）を各巻に収録

◉正編24刷・

価格は本体価格に別途、消費税がかか

総合図書目録を無料でお送りします。ご請求は小社営業部まで

ホームページhttp://www.tsukiji-shoka

四月。川辺の木々は、錆びた衣の下から蛍光色のような新芽を伸ばし始める。しかし視線を上へと移せばしだいに新緑は曖昧になっていく。山の頂あたりはまだ冬だ。早春の峡谷では季節の移ろいを一望できる。

この頃になると、リバーガイドになるためのトレーニングを受ける人が増え始める。ガイドになるにあたって公的な資格試験はないが、ラフティング業界の関連各社によって設立された日本リバーガイド協会（ＲＡＪ）の試験に合格する、というのが一つの基準になっている。

とはいえ、ＲＡＪ試験に合格すれば即ガイドとしてデビューするわけではない。所属するラフティング会社で、お客を楽しませながら安全に激流を下るノウハウをさらに身につけ、社内試験に合格しないといけない。基準は会社によっていろいろだ。川を下る回数にもよるが、早い人だと峡谷前半部の大歩危半日コースを約一ヶ月で、後半の小歩危一日コースを約三ヶ月でマスターする。遅い場合は1シーズン全部を費やして不合格ということも珍しくない。

深い緑色の瀞場に一艇の青いラフトボートが浮いている。乗っているのは男三人。そのうちの二人は練習生だ。漕ぎ方がぎこちないので、遠く離れていてもすぐ分かる。どこへ進んで行くのかはボートと川に訊いてくれという感じだ。

ラフティング会社のテラスからその様子を見下ろしていると、ナホがやってきた。

「去年の今ごろは、私もあんな感じだったのかなあ」

その頃のナホのことを私はよく憶えている。第一印象は、ちょっと無理じゃないかな、だった。背丈が低かった。運動不足のようだった。自然のなかにいるより、インディーズバンドのライブのほうが似合っていた。明るくて、人と仲良くなるのが上手で、でもとんがった面もあって、鼻っ柱の強さを隠していた。何かに挫けたとき、危うい状態になるのでは、という感じがした。そして、ラフトボートの操作を身につけることは、小さな挫折と何度も向き合うことだった。

「私がガイドになれるとは思わなかったでしょう」とナホが少し自慢気に言った。私の心を見透かしたようだった。彼女は勘がいい。

ラフトボートは全長約四メートル、重量は五十〜七十キロ。ガイドはボートの一番後ろの左右どちらかに陣取る。手には櫂（ブレード）が一つだけのシングルブレードパドルを持ち、横座りみたいな格好で漕ぐ。つるつるしたボートの内側には足がかりが少ない。でも、どうにかして踏ん張り、上半身をボートの外へと乗り出してパドルで水を掴む。なかなか無理な姿勢である。

大歩危・小歩危に限らず、女性のリバーガイドは決して珍しくない。

そもそもラフトボートというのは、乗り手全員が力を合わせて漕ぐものだ。けれども、ラフティングツアーに参加するお客はほぼ全員素人。腕力のある客でもあまり漕ぎはあてにならない。難所では、お客の体重を含めた四百~五百キロのラフトを、ガイドのシングルパドルだけでコントロールすることになる。しかも四級以上の瀬——高度な操船技術を要求される、複雑かつ猛烈な瀬で。

「いつまでも慣れないですよ、というか慣れてはいけないんですけどね」と、あるガイドから聞いたことがある。そのときの彼のキャリアは五年だった。

「いまだにどの瀬でも緊張しますね。いや、集中かな。瀬に入る前には、今までの経験からコースやラフトの動かし方を考えるけど、瀬に入ると予想外ということはよくある。水量が違えば瀬は変わりますからね。おとなしかったり、ひどく怒ってたり」

荒瀬での流れは速く、しかもラフトの動きは鈍い。素早い判断と、力強い漕ぎが必要になる。しかし、流れに抗うというものでもない。水の力は強大で、人にできることなんて知れている。だから彼らは、水中で暮らす野生動物を手本にする。イルカがドルフィンキックすることなくモーターボートのスピードについていけるのはなぜか、ヒレを動かさないまま鮎が急流に留まれるのはなぜか。ただ透明に見える水のなかが、複雑な流れの世界であると感知できるからだ。それと同じようなセンスをリバーガイドは身につける。女性には一見不利な仕事に思えるリバーガイドに、若い女性が珍しくないというのは、この辺にも理由がある。

その一人、フルタイムでリバーガイドをしているアキヨはキャリア五年。ガイドのなかではベテラン組に入る。荒瀬でラフトを先導するサポートカヤックを漕ぐ——つまり、安全の確認や、落水者の救助を担当するぐらい腕はいい。別にマッチョでもなんでもない。日焼け以外は、普通の娘に見える。

彼女は休日でも大歩危・小歩危でカヤックを漕ぐ。彼女の、かつて黄色だった——日焼けで色褪せたフローティングベストは、乾く暇もなく、黒カビの斑点だらけだ。そんなに川三昧で飽きないか？　と訊くと、綺麗に並んだ白い歯をみせて「へへ」と笑った。

「少しでも川から離れると不安になるんですよ。川での勘みたいなものが鈍くなりそうで。それに川の表情はいつも違うから」

ある年の彼女は、まだ雪が降ることもある三月から年末まで大歩危・小歩危で漕いだ。そして年が明けると南半球のニュージーランドに行った。そこで古びたバン——実際、旅の途中でシャフトドライブが壊れた——を三人の仲間と購入し、その屋根に四艇のカヤックを縛り付け、急流下りとキャンプ三昧の日々を一ヶ月以上楽しんだ。壊れたシャフトドライブは、修理工場の親父に部品を頼み、工具を借り、自分たちで修理したのだという。航空券代を入れて約二十万円の旅。そして三月に帰国し、彼女は再び大歩危・小歩危で漕ぎ始めた。

彼女がこの峡谷でのラフティングに出会ったのは大学一年生のとき。そして翌年、再びラフティングに参加したのだが、このときの経験が強烈だったという。

「今から思えば、そのときはすごい水量だったんです。ツアーをしてもいいのかな、というく

大自然での遊びを心から楽しむアキヨ。大歩危・小歩危の女性リバーガイドのなかではベテラン組。

らい。それにラフトボートではなくダッキー（一～二人乗りのカヤック型ゴムボート）で下ったんです。素人なのに無茶でしょう。四～五級の瀬で散々ひっくり返って川に落ちて、ぐちゃぐちゃに波に揉まれて、またダッキーによじ登って、というのを繰り返していたら、体力の限界まで行きましたよ」

そしてゴール手前にある最後の瀬を目前にして、「ここで落ちたらもうダッキーに登る力はない」ことに気づき、よれよれの体をラフトボートに引き上げてもらった。

「すごく疲れたけれど、楽しかった。そのときこれだ！　って、ひらめいたんです」

そして彼女は大学をスパッと辞めた。

川の人たちはみんな思い切りがいい。何をしたいのか、何をすべきなのか、彼らには動物的な勘が働くのだろう。

荒瀬に翻弄されるラフトボート。複雑な水流を感じ取り、どれだけ川とシンクロできるかが勝負である。

ある種の「純粋さ」の持ち主であることも、川の人たちに共通している。いろんな意味で、良くも、悪くも。

例えばナホは、「なんでリバーガイドになろうと思ったの？」と訊かれて、こんなふうに答えた。

「この川のラフティングツアーって、ゴールするころには、みんなすごくいい雰囲気になるじゃないですか。一緒に冒険してきた連帯感っていうか、そんなものに包まれて。ガイドも客もこんなに仲良くなれるツアーって他にないですよ。だから――」

これからカヤックでの激流下りに向かう「川の人」たち。気合い十分だ。

そんな単純な動機で、体力的に厳しく、給料がいいわけでもない仕事を彼女は選び、過疎の山里へ移住した。

そしてリバーガイドになってからの彼女は、〈ガイドをする前日は酒を飲まない〉など、自分にルールを課している。ツアーに出る前には、必ずお祈りの時間を持つとも言っていた。

「それは神頼み？　それとも信心深いの？」

「心を落ち着けているだけです。ツアーの準備でバタバタした気持ちのまま川に出たくないから」

とまあ、以上は純粋さが模範的に発揮された例だ。その逆もあるわけで、例えば自由奔放、周りを散々振り回す、というような川の人もいる。一般社会から見れば落伍者に近い存在だ。

そんな様々な個性、アクの強さが集まることで、この峡谷はちょっとしたレフュージ——居心地のよい隠れ家、避難所——のような雰囲気になっている。

ケアンズに行ったヨーシンからメールが来た。

——連絡が遅くなってすいませんでした。

私たちは二人とも元気です、というか、三人になりました。ははは。

彼女の体調が何か変で、検査してみたら授かってました！　予定外のことだったのでかなり戸惑いましたが、三人で暮らしていこうと決めました。

生活の拠点や、仕事のことも、これから焦りながらもじっくり話し合っていきます。

（中略）

とりあえずは、しばらく川で働いてみます。気に入ればこっちで子どもを育てることになるかもしれません。

ではまたメールします――。

その二週間後に届いたメールは、哀しい知らせだった。

――（略）彼女はしばらく安静の身です。

この二週間はいろんなことを考え、また考えさせるきっかけとなった、ものすごく濃い日々でした。

大変な回り道をして、ほんの少しは大人になって、二人の絆がかたくなって、またもとに戻って、病院のレシートだけが目に映る唯一の証人でした――。

休日のアキラ。峡谷の岩場で、巨大な流木をゲットした。何を作るのやら。

第三章　薫風の川

峡谷から南へ。分水嶺を越えて別の水系に入り、山を下りていく。約一時間半のドライブで穏やかな清流に到着。河原が広い。ワインレッドと藍色の、二艇のカナディアンカヌーを降ろす。

四月二十二日、青すぎる晴天、春を飛び越した初夏の暑さ。空気に混じりけがない。五キロ先まで声が届きそうだ。ダイスケ、サトシ、ユカ、私、それから典型的な雑種犬フクがカヌーに分乗し、下流へ、山並みの向こうを目指して出発した。

低い山々の間を、この川は大きく蛇行しながら流れていく。蛇行の内側には玉砂利の河原が広がっている。落差は緩やかで、流れはおとなしい。

「彼らの激流」とはえらく違う川だ。

瀬は何ヶ所もある。しかし、大歩危小歩危の瀬のように、低く唸る轟音で待ち構えてはいない。たいていの瀬はさらさらと流れていく。拳くらいの石が折り重なる上を、透明な水が浅く走っている。川底の石は鮮やかだ。いつも洗いざらしだからだ。集まり、固まった鉱物の具合で、灰、青緑、アズキ、白など、いろんな色をしている。

そんな早瀬ではパドルを水から抜き、ただ流れに任せる。

水流は、揺らぐ光を閉じ込めていた。敷き詰めたガラス玉の上を滑っているようだ。

上品にざわめく流れのなかへ右手を入れた。指の間を、冬の名残の冷たさが、波紋を立てながらすり抜けていく。

大歩危・小歩危のリバーガイド、ダイスケとサトシには優しすぎる流れだ。でも退屈は伝わってこない。平日、二人の仕事場は川だ。

春を飛び越えた初夏の陽気。フクちゃんも上機嫌で浅瀬を歩く。

しかし、休日になっても——つまり今日だ——彼らは行き先を川にした。

川にはそれだけの魅力があるのだろうか？

それは、川面を流れていく彼らのにやけた顔が証明していた。ようやく訪れた休日に、待ちに待った川へ漕ぎ出した、まるでそんな表情をしている。

ダイスケの顔は口角が上がり、頬肉が盛り上がっていた。喜怒哀楽を判じやすい男だ。故郷が福岡の彼は、なるほど九州男児、という顔立ちをしている。

「オークリーとかのスポーツサングラス、似合わないんですよ、俺には。頬に食い込む」

男たちは出発した。下流へ、折り重なる山々の向こうへ。

そして体はラグビー選手のような肉弾である。つい一ヶ月ほど前にはふっくらとした体つきだったが、激流下りのシーズンが始まるとみるみる筋肉が復活した。「ろくに筋トレしないのに、なんだ、あれは」と川の人たちはその現象を不思議がり、面白がる。

ダイスケはカヤックに乗って、高さ五メートル以上の垂直護岸から川に飛び込んだことがある。そのときは顔面から水面にぶつかった。しかし何事もない様子で、そのあと激流を下っていった。また、後頭部を強打して「死んだ」と思われたこともある。そのとき彼は、壁に垂直に立てかけたラフトボートの天辺に上り、ラフトを壁に固定するロープをほどいていた。そして手にしたロープに体重をかけたとたんロープはスルスルと抜け、彼は背面から、高さ四メートル上から落下していった。

「ゴン！　ってすごい音がした」と目撃したリバーガイドたちは言う。「ああ、やっちゃった！　って誰もが思った」。その後頭部は腫れてグロテスクに大きくなったが、彼は平気だった。

そして熱気球のパイロットでもある。峡谷の住人になる以前は、真冬の北海道や北欧で氷の家を建てていた。トナカイを放牧するサーメ人と雪原で野営したこともあるらしい。男の浪漫漂う経歴の持ち主。歳は三十代に入って間もない。

一方、サトシは肩や腕の筋肉をやたらと発達させたライト級ボクサーのようだ。顔は、輪郭といい各パーツといい、鋭い。サングラスをかけて表情を消せば、リュック・ベッソンの映画に登場する殺し屋といった雰囲気になる。そして殺し屋らしく、几帳面な性格である。

リバーガイドの宿舎「ガイドハウス」は、かつては田舎の小さなパチンコ屋──店名はいかにもご当地らしく「龍馬会館」──だった。その広い、間仕切りのないホールで、サトシは数人と相部屋生活をしている。彼のスペースは三畳ほどだ。折り畳みの寝台に寝袋、本やクライミング用具を納めた棚などを置いてある。そこには、規律厳しい海軍士官の船室のように秩序があった。男ばかりの空間がゴミ溜め化しないのは、彼の暮らしぶりがクサビになっているからだろう。

そして、この日の川下りでも彼ら二人の個性がにじみ出ていた。ダイスケは、野放しにしておいたら臭いセリフを吐きそうだった。サトシは上機嫌だった。川下りだけでなく、他の準備にも抜かりのないメンバーに満足したらしい。

私たちはただ川を下るだけでなく、カヌーの上で酒仙になるつもりだった。カナディアンカヌーの中央に置いたクーラーボックスには、カツオのタタキや寿司など四人分の食料と、四人分以上の缶ビールを仕込んである。

流れの穏やかなところでは二艇のカヌーの間を缶ビールが行き交った。飲み干す前に瀬に入ったら、口に缶をくわえてパドルを漕いだ。

二メートル下の川底にカヌーの影が見えた。空に浮かんでいるようだった。四人はますます酒仙となった。

男たちの燃料はビールだった。

少し酔ったし、橋桁が濃い影を落とす河原はあるしで上陸。昼食にする。

じわじわと動く日陰を追いかけて、ときどき私たちは座る位置をずらす。うたた寝したり、河原の石を投げたり、フクの毛をむしったりするうちに、持ってきたビールがすべてカラになった。

「足りなかったなあ」「これから先で買えるかなあ」今日の川下りで一番の不安。

旅の目標が一つ増える。これまでは単純に下流へ。これからは、プラス、ビールへ。

流れを囲む山肌のところどころには、何段にもなった石組の畑が見えた。夏には林の暗緑色に埋もれる照葉樹が、黄緑色の花を咲かせていた。まるでカリフラワーのような姿をしている。

川沿いの道路は細く、ほとんどが木々に囲まれ、川面からは見えない。集落も少ない。ときに蛇行の向こうの風景が、人跡の稀な川を旅している気分にさせた。

沈下橋のたもとで上陸。坂道を登って集落へ。道路に突き当たったところで、私とダイスケが下流へ、サトシたちが上流へと散開する。見たところ家は二、三十軒ある。音がない。動い

気分が、よろしい。

ているものもない。平日の昼下がり。

こちらは不発だった。戻ると、道路のずっと先にサトシがいて、腕を動かしてサインを出している。急流下りで使われるやつだ。荒瀬の轟音のなかでも意思疎通できるように。

「ここに集合、だ」

ダイスケの顔がほころんだ。酒屋を見つけたのだ。

村の静寂をそのままに、私たちはビールを手に入れ、去る。

一日中空気は透明で、太陽の光はずっと一〇〇パーセントのままだった。船尾で舵をとるサトシはブランド物のスポーツグラスをかけた。ファッションでもあったが、必然でもあった。早瀬からのギラギラした照り返しは網膜を焼いた。これから約半年間、石の河原や川面からの照り返しを受けるリバーガイドにとって、春先から目を傷めるわけにはいかなかった。

太陽が黄金色へと移ろう頃、カヌーを岸に引き上げた。出発してから十五キロほど下流にいた。自動車を走らせれば二十分ぐらいの距離で、ほぼ一日楽しんだわけだ。

夜になっても空気は透明なままだった。半分になった月がとても眩しかった。

「月の影の部分の輪郭が見えるね」と、サトシが言った。

吊り橋が峡谷をまたいでいる。その橋板は鋼鉄の格子だ。約三十メートル下、エメラルド色の流れまで筒抜けになっている。怖がって男にしがみついて動かない女、または女にしがみついた男に行く手を邪魔されながら、ラフトツアーの陸上サポートが走るようにここを渡る。あとに残る大げさな悲鳴。

ゴールデンウイークの峡谷には、その年最初の賑わいがやってくる。家族や恋人やダブルデートを乗せた車が押し寄せ、カーブのきつい道でブレーキをたくさん踏み、谷の深さに感嘆する。車の流れは平日に比べて約三割遅い。駐車場や路側帯の近くでは渋滞し、空気はギスギスとしている。改造バイクの集団が、爆音のわりには遅いスピードで走る。いろんな雑音が山々に反響していく。

5月の大歩危・小歩危。眩しい新緑の季節。

しかし、峡谷の底にそんな混沌は届いてこない。いつものようにクールだ。パドルからこぼれ落ちる雫はビーズのようにきらめいているし、荒瀬の音はみんなの気持ちを引き締める。アオサギやウやカワガラスは、川を下る人々にときどき場所を譲るけど、一日の大半は誰にも邪魔されずに川で漁を——何万年も変わらぬ日常を——続けている。

さて、吊り橋で対岸に渡った陸上サポートは、檜林に囲まれた山道を降りていく。

川辺では、急な山肌から露出した巨大な岩盤が、奔流によって日々えぐられている。約二十メートル向こうの対岸は、大はマイクロバスぐらいの岩石で埋まった狭い河原。そして間にあるのは百メートル以上続く白い流れだ。

彼らは背中のバックパックを降ろし、ロープやカラビナを取り出す。それからアンカー（確保点）にする岩を確認する。フローティングベストとヘルメットを装着し、左手には合図用のパドルを持つ。私たちが立つ岩盤の三メートル真下では荒瀬が轟音をあげている。上流からラフトボートがやってきた。

この曲がり戸の瀬は峡谷で一番の見せ場だ。二つの落ち込みのあと、落差約一・五メートルの滝があり、そのすぐ下にはラフトボートくらいの大きさの岩（正能岩と呼ばれる）が横たわっている。増水すると正能岩は水没して誰も気にしないのだが、五月の連休あたりの水量だとそうはいかない。

一番艇が瀬に入る。緑色のヘルメット、ガイドはレレだ。レレ瀬の入り口付近、小さな落ち込みにある水面下の岩や渦がラフトをぐるりと回転させた。レレがそれを立て直しているうちにラフトは滝を落ちる。そして正能岩にぶつかり、横向きに張り付いたまま動かなくなった。

ラフトに大量の流れが押し寄せ、片方のサイドチューブが水中に潜っていく。ラフトは水圧で海老反りになって横方向に立ち、水流に呑み込まれ、ますますガッチリと岩に巻き付いていていく。客の悲鳴と「つかまって〜」というレレの高い声。

客が三人落ちた。

上流で待機していたラフトからいつの間にかやってきたサトシが、足場の悪い岩場を飛ぶように走りながら救助ロープを投げる。荒瀬に揉まれる一人がそれを掴んだ。あとの二人をサポートカヤックが荒波を越えながら追いかけていく。ラフトに残った四人の客は、背中に白い流れを受けながら、横立ちしたラフトを越えて正能岩の上へ移る。

　サモとアキラも上流から岩場を走ってくる。正能岩に残された四人に、投げたロープを掴ませ、一人ずつ流れを横断させてこちらの岸に移す。

　一方では、ロープやシュリンゲ（短いロープを輪にしたもの）、カラビナを使って、入力の何倍もの力でラフトを引くシステムを作っている。レレはラフトに残り、胸から下に強い水流を受けながら、陸上スタッフにロープを要求する。輪に束ねられたロープが、ほどけながらラフトへと飛んでいく。ロープがラフトに

曲がり戸の瀬の岩に、ラフトボートが張り付けられた。

水流によって押し付けられたラフトボートを剝がすため、救助用のロープをセットする。

固定された。レレは正能岩に移る。

四人でロープを引く。ラフトは正能岩と一体化したように動かない。ラフトの八割近くが流れに呑まれ、すごい水圧を受けている。上流では、他のツアー会社のラフトが溜まり始めた。

他社のリバーガイドが集まってくる。女性もいる。あるガイドは持参した新しいロープを提供する。引く方向も変えようという話になる。ロープをセットし直す。十人ぐらいで引く。ロープが張り詰めるだけだ。声を出し、息を合わせてもう一度。動いた。「オー」という低い喚声。

ラフティングシーズンに入ってしばらくは、まだ勘が戻っていないのか、ときどきこんなシーンに遭遇する。それは、冬の間この地を離れていたガイドには再会の、新しくこの地に来たガイドには顔合わせの場のようになっている。

アキラがニワトリを持ってきた。生きている。色は暗い褐色。一抱えあるダンボール箱のなかで、ガサガサと音をたてたり、「コー」と鳴いたりしている。これを自分たちの手で絞めて食うのである。

みんなでガイドハウスのキッチンに行く。本業を別に持ち、週末だけこの峡谷でリバーガイドをしている人間も集まったので、総勢は二十人を超えそうだ。キッチンの広さは十二畳くらい。そしてニワトリは三羽。配分的にはどうもバランスが悪い。しかし誰も気にしていない。

ここにいるのはみな野生児だが、狩猟民ではない。魚以外の脊椎動物を殺してさばいた経験があるのはアキラだけらしい。それでも私を含めて五人が志願してニワトリを殺した。ニワトリの数がもっと多ければ、手を下したい人はさらにいたのだろう。

首を飛ばされてもしばらく暴れるニワトリは、切り口から血しぶきをあげた。返り血を浴び、おののきながらも、首なしのニワトリが動かなくなるまで胴体をしっかりと掴んだ。

熱湯をかけて羽をむしった。愛犬と同じような匂いがして、心が怯んだ。

鳥を絞めて丸裸にしたまではいいが、その段階でみんなの興味は失せ、ニワトリを解体するのは三人だけになった。「これは心臓、これは腎臓……」本業の看護師らしい馴れた手つきでタニさんが灰色の肉をより分けていく。その隣では、サモが包丁で叩くようにザクッ、ザクッと肉をばらしている。その荒々しさは、古代サモア人——もちろん上半身は裸——がジャングルで獲った何かの肉をさばいているようだった。上手いあだ名をつけたものだ。

鍋に湯が沸いたところで、櫛切りのタマネギと鶏肉を放り込む。盛り上がるように浮いてくるアク取りに追われた。

「味付けはどうしよう」アイコが棚を物色するも、「これはまだ使えるのだろうか」と不安になる調味料ばかり。何年にもわたり、入れ替わり立ち替わりここで暮らしたリバーガイドが残していったもので、まったく信用ならない。

「塩と胡椒ぐらいしかないですね」

「あっ、ウーシャンフェン、これ入れましょう！」とアソが、どういうわけか壜の中蓋を外し、どさりと橙色の粉全部を鍋に入れた。

「大胆な入れ方をしますね」と、アイコが言う。

「だって、中華料理屋のバイトで使ったよ、これ」

「なあ、なんか不思議な香りがするよ。漢方薬みたいな匂いだよ。入れすぎじゃないの」

「絶対美味しくなりますって。プロが使うんだから」

「香りがきついよ」

「塩と胡椒でごまかそう。あとは時間まかせで——」

なんだか貴賓のある味だと、スープは好評だった。焼いた心臓と砂ずりは旨かった。レバーの刺身は特上のウニのようだった。しかし鶏肉はゴムのように硬く、食えたものではなかった。

「放し飼いの地鶏やから……でも、硬すぎるな」アキラは苦笑した。

数日後、サトシに会った。

「そういえば、あの鳥スープ、どうなった？」

「あれから煮込んだら、二日後には肉が柔らかくなりました。すごく美味しかった」

食べ物を無駄にしない暮らし。飢えていて、裕福でなければ、人は自然とエコライフになる。


生き物をこの手で獲り、さばき、いただきたいという願望は、多かれ少なかれ川の人みんなにある。だが、そのなかでも飛び抜けているのはウシオだろう。

彼は半漁人だ。潜って魚を突いたり貝を採る。ボンベは使わない。今のところ素潜りにこだわっている。見通しのきかない海藻の森の中や、海底の岩穴に入るのも平気らしい。

彼の潜水能力については、いろんな証言がある。

（その一）

「シーカヤックを漕いでいて、小さな島の入江に上陸した。冗談で『晩飯とってきてよ』って彼に言ったら、潜る準備を始めてね。ある程度の水深と岩礁があるところまで、五十メートルくらい一人で泳いでいくんだ。広い海にポツンと小さな頭が出ているのは、なんとも心細い風景だった。

一回目は、あまり間をおかずに浮上してきた。『濁ってますねえ』って言うんだ。二回目の潜水は長かった。どの辺りで彼が潜ったのかを忘れるくらい。で、浮上してきて彼は片手を挙げた。サザエを握っていたね。たった二度潜っただけで数個採ったよ。でも、彼はあまりサザエが好きじゃないらしい。上手くいかないもんだね——」

(その二)

「アキラが肌身離さない、動物の牙かなんかのネックレスがあるでしょ。あれをラフティングの最中に川に落としたんです。水深は三メートル以上あるかなあ。あまり透明度の高い日じゃなかった。少し流れもあったし。で、ウシオが潜った。浮き上がってきたときにはネックレスを持ってましたよ。たった一度の潜水なのにね」

そして彼は、ウシマイヨールの名を戴いた。もちろん、伝説のフリーダイバー、ジャック・マイヨールに因んでいる。実際にウシオは、ジャック・マイヨールと同じようにフリーダイビング用の足ひれ(フィンがとても長い)を使っている。それを見せるとき、「これは一般の人には向きませんね」と、彼は少し自慢げになる。そして、目を合わせているようで合わせていない目線でこちらを見て、ニッと笑う。「親父に連れられて、明石の海で小学校四年生くらいから潜ってましたから」

その潜水能力ゆえに、彼は思わぬことにも巻き込まれている。

ある年、太陽が肌を灼く日、旅をしていた人が暑さを紛らわそうと峡谷の川に入り、行方不明になった。

知らせを受けてパトカーがサイレンを鳴らして急行した。もう陽は落ち、空にはわずかに残照があった。回転する赤色灯の明かりが峡谷に反射していた。

翌日の朝から警察と消防団による捜索は本格化した。県警のヘリコプターが出動し、空から峡谷の底を探索した。消防団員のほとんどは、国道から、ずっと下にある川を定点観測して、行方不明者の姿を探した。

もちろん、なかなか発見できない。

峡谷を囲む山の頂きぐらいの高度、つまり川面からはるか上空でヘリコプターはゆっくり飛んでいた。そんな高さから、そして揺れる機内から、川のなかか岸辺にいる人を判別するのは難しい。

繁茂する草木や岩や地形のため、国道からの視界は限られていた。川の一部しか見えない。国道の歩道に一～三人ずつ点々と配置された消防団員は、手持ち無沙汰に見えた。

収穫のないまま、捜索一日目が終わった。

その翌日、捜索を手伝う理由は何もないのだが、あるラフトツアー会社は人と機材を提供した。

ウシオもその一人だった。上の人に頼まれたという。潜水能力を買われたらしい。

「でも、捜索中に事故に巻き込まれたら、ウシオに保障はあるのか？」私は彼に訊いた。

消防団員は特別職の地方公務員で、公務災害保障がある。年額の報酬と、職務に従事したときは出勤手当もある。とはいえ、火災や災害現場で身を危険にさらすには、信じられないくらい安い額ではある。

だが、ウシオにはそれすらないらしい。

「どうなんでしょうね。何も聞いてないです」

「上手く断ったほうがいいよ。もし川底に遺体を見つけたら、素潜りしろってことになるんじゃないの。何かあったらどうするんだ。これは県警のダイバーの仕事じゃないのか」

「遺体を引き上げることになったら、怖いですよね」

しかし、彼とサモとコーイチと山内さんは捜索に加わった。二人乗りのダッキー（ゴムカヤック）を使った。

陽が傾き、峡谷は山の影に入った。今日中に見つかるかどうか、という空気になり始めていた。岸のずっと上から川を見渡していた山内さんが、川底からゆらゆらと浮かんでくる人を発見した。近くに消防団員はいたが、彼らのゴムボートは重すぎて、急な岩盤と崖に挟まれた峡谷の底に降ろせなかった。

「あのまま流されたら、そのすぐ下の瀬で沈められて何日かは浮いてこない。だから急いでうちのダッキー(二人乗り軽量ゴムカヌー)を川に下ろして、コーイチとサモが漕いで行ったんだ」

二人はダッキーと一緒に崖の上から川に飛び込んだ。そして遺体をダッキーに引き上げて岸に向かった。船首の先には滑らかで灰緑色の岩盤が聳え立ち、そのずっと上のほうから、遺族の嗚咽が聞こえてきた――それが、この峡谷にウシオが移り住んで間もなくの出来事だった。

その半年後、ウシオは川の人たちのなかで一番の高所にある家を借りた。戦国時代には血みどろの合戦地になった谷の奥で、標高は約六百メートル。途中、道のところどころで、「さがの戦場、七人」などと意味ありげに筆書きされた木片を見かけた。夜は怖い道だ。ウシオの家まで来ると舗装路は終わり、その先は、草むらに轍の残る道になっていた。

家は築二十年くらいの平屋だ。古びた感じはしない。けれども土地が厳しいのか、玄関の引き戸と壁の間には小猫が通れるくらいの隙間がある。しかも引き戸は接着したように固まっている。ウシオは居間の引き違い窓から出入りしていた。

家の一室は遊び道具で占拠されていた。青いマウンテンバイク、素潜り、カヤック、登山、アルペンスキー、スノーボードやスケボー、フライフィッシング――。

これだけいろいろなものを持っていると、そこには引力が発生するらしい。今年になって、彼は折り畳み式カヤックを川で拾った。

「一人乗りのやつを。全然オッケーな状態ですよ」と彼はにやけた顔をしていた。中古のサーフボードも誰かからもらったし、間もなくウインドサーフィンも手に入るという。

居間の本棚には、自然や旅の本と並んで、料理や園芸の本がいくつか見える。私の家に来たとき、ジャガイモやエンドウが育っている一坪ほどの家庭菜園を見て、彼はしみじみ「いいなあ」と言っていた。

「暮らしを手作りしたいんですよね。野菜を作るとか、キムチを自分で作るとか。でも仕事が多くて……やる余裕がないです」

平日の彼は、朝から夜遅くまで川下りツアーとそれに絡む仕事に追われている。

「そのわりにお金は貯まらないし。サラリーマンだったら、いくらぐらいもらえるんですかね」

彼は普通の会社勤めをしたことがなかった。グアテマラでスペイン語を学びつつ山に登ったり、オーストラリア大陸を自転車で旅して、大学卒業後はこの峡谷へ真っ直ぐ来た。

だいたいこれぐらいかな、と私は指を立てる。

「ふーん。でも普通の会社勤めはもう無理ですね。ドアを開けて緑の見えない生活はイヤですから。ここでは朝起きると、雲海がずっと下に見えるんですよ」

田舎暮らし＝スローライフという図式がなんとなく世間では成立しているようだ。しかしウシオを見ていると、実のところはいろいろなのだということが分かる。

それは七月だった。ウシオから電話が入った。

「暑いんで海に行きたいんですけど、そっちの天気はどうですか？　こっちは雨で蒸し暑くて」

薄曇りで、晴れ間がところどころあり、と伝える。ウシオがいる山間部と、私の暮らす瀬戸内沿岸とは直線距離で三十キロぐらいしか離れていない。しかし天気はがらりと変わる。険しい山々に分断された四国では、天気はモザイク状だ。

「じゃあ、これから行きます」

時計を見ると午後四時。我が家を経由して海に着くのは約一時間半後だ。夏至から間もないから、日没は七時過ぎではある。けれども、なんでこんな時間に車を飛ばして海まで泳ぎに来るのか分からない。

いつもならそろそろ夕飯の支度でも始めるかという時間に、ウシオ、アイコ、愛犬ソラという組み合わせで到着。「水遊びなら峡谷ですればいいのに」と、彼をからかう。

「飽きるんですよ。峡谷での川下りは仕事、休みの日は別の場所で他のことをしたいじゃないですか」

他のことといっても、海で潜る、山に登る、サーフィンをするなど、アウトドア以外あまり眼中にない。

「それにしても、突然こんな時間によく来るな」

「朝、急に思い立って自転車で淡路島を一周するとか、昔からそんなことをしてきましたから」と、彼はいつものニヤニヤ顔で答える。仕事中はいつも眠たそうに見えるが、休日には、「朝五時にパリッと起きられる」のだという。で、素潜り三点セットと銛を車に積み、片道四時間以上かかる島へ日帰りすることもある。

忙しい人生である。何かにせっつかれるように生きている若者は、田舎に暮らしていても、その疾走を止められないらしい。

いつだったかウシオは言った。

「三十歳まで、すぐですよね」

「そうだよ、早いよ、悔いなく生きたほうがいいよ」

「あなたはどうでした？」

「二十代は悔いないね、完全燃焼さ。一生に何度もできない、死にそうな目にあう濃い旅もしたし」

「そう言い切れるっていいですよね。羨ましいなあ――」

色づく西日を左に浴びながら、瀬戸内海に突き出た細い半島へ車を走らせる。寂れた漁村をいくつか過ぎて、入り口の分かりにくい砂浜に降りた。

浜の端にある磯の海面で、黒く丸いものが浮き沈みしている。

「人だよね」

潜り漁の人らしい。

「よーし」ウシオが色めき立つ。車に戻ってサーフショーツを穿き、砂浜の向こうの海へ。車のリアハッチを開け放ったまま、地面には脱いだ服やダッフルバッグを散らかしたまま。

サンダルを蹴飛ばして私も海に飛び込む。潜ると、水面より海底のほうが暖かかった。透明度はまずまず。クロダイの幼魚やベラが、波模様になった砂の上を滑るように泳いでいる。海底から水面を見上げると、銛を片手に、長い足ひれをゆっくりとキックしながら進んでいくウシオがいた。私の鼻から漏れた気泡が、彼のほうへと昇っていく。

「アコウがいるらしいですよ」

先に潜っていた男から聞いて、ウシオはニヤリとした。しかしこの日は小さなサザエを数個見つけただけ。全部海に戻した。

仰向けになって海に浮かぶ。しだいに暗くなっていく空だけが見える。波に遊ばれる砂の音が、途切れることなく、海に浸かった耳に届く。そして、楽しそうに泳ぐウシオとアイコの声が、海面を通り抜けて、ときどき入ってくる。

「暗くなるまで泳ぐなんて、本当に久しぶりだ」と、私は天を向いて、浮いたまま言う。

二人がそれを聞きとめたか、分からない。

第四章　田舎暮らし

「第二希望は昼寝」というぐらい穏やかに晴れた五月、四人と犬二匹は瀬戸内海の港に集まった。

港は鄙びていて、小さい。石積みの防波堤が砂浜を囲い、数隻の磯船がぷかりぷかりと浮かんでいる。大きくて重いダッフルバッグを引きずるようにして防波堤の上に運び、開いて部品を取り出し、二艇の〈二人乗り折り畳み式カヤック〉を組み立てた。

行き先は、狭い海を挟んだ対岸の島。三つの山が砂州でつながり、上空から見ればプロペラのような形をしている。人口は四百人ほど。その最高峰（二二二メートル）には、かつて水軍が使っていたという上下二段の小さな城郭跡がある。

もちろん二匹の犬も連れて行く。

「瀬戸内しまなみ海道をサイクリングしたときも連れて行きました」とウシオが言う。「ソラの顔が出るようにバックパックに入れて、それを背負って」

瀬戸内の小島にある、海からしか行くことができない砂浜。船が沖を通ると、しばらくして波打ち際が騒がしくなった。

小型の雑種犬であるソラは足が短い。コーギーの血が入っているらしい。で、安定がいいのか、カヤックの狭いデッキの上を平気で歩く。そのくせ水に入るのはとても嫌がる。カヤックの上と水面の区別がついていないのだろう。

海に差し込んだパドルの白いブレードがくっきりと見えて、嬉しくなる。瀬戸内海では、いつでも、どこでも、そうであるとは限らないからだ。

観光ポスターの惹句や写真が喧伝する「美しい」イメージとは裏腹に、ここはかなり傷んだ海だ。海岸の多くは埋め立てられた。海底は、何十年も続いた海砂利の採取のため、空爆を受けたように凸凹だ。ペットボトルやビニール袋など大量のゴミが漂い、岸に打ち上げられている。
だが、この辺りはまだよいほうだった。春にはアサリが取れる。サザエもいる。島の漁師は、先祖伝来のイリコ（カタクチイワシ）漁で儲かっている。夏の夜の波打ち際には、海蛍や夜光虫の淡い光がある。

帰りのカヤックの中で気持ちよく揺られ、ソラは寝てしまった。

緩やかな潮流に押され、二十分ほどで島に到達。海岸沿いに北上して、海からしか行けない砂浜に上陸した。花崗岩が風化して砕けた砂は明るい肌色で、鉱物がキラキラと光っている。

ソラとフクが尻尾を立て、砂を蹴飛ばしながら全力で走った。弓なりの浜が収束して点になるところまで、ずっと向こうへと。

私たちは裸足になった。

砂浜は低い山に囲まれていた。風化し浸食された花崗岩の壁が、砂浜から生えるように始まり、上へ行くにつれ、濃い緑の雑木林に変わっていく。山からの枝葉が軒のように張り出しているのを見つけ、その陰に入った。そして、幸せそうに駆ける犬たちを眺めた。

大型船が沖を通過する。その姿が見えなくなってから、波打ち際は騒ぎ始めた。ビールを飲んだ。

午後には半逆光になり、海のきらめきが眠りを誘った。

ビーチコーミングしていて、おもちゃのサッカーボールを拾った。それを大きく蹴るとフクが跳んでいき、くわえて戻ってきた。

大きく蹴りすぎて海に落ちた。フクは波打ち際で引き返した。私はボールを追いかけて五月の海を泳いだ。もう無慈悲な冷たさはなかった。ソラがとても遠くまで行ってしまった。

「呼べば帰ってくる？」

「いや、無理ですねえ」

アイコは、すらりと伸びた手足をスイングさせながら追いかけていった。初夏の砂浜に若い女性、という組み合わせは絵になる。

アイコは二十六歳。ウシオと同い年だ。誕生日は某国の独裁的指導者と同じで、「その日はマスゲームとかで祝ってくれますよ」と彼女は笑う。峡谷のリバーガイドには珍しく地元出身。「吉野川の支流を遡っていった山のなかに実家があります。家の近くの沢で父が鮎釣りをしていたので、子どもの頃からウルカ（鮎の内臓の塩漬け）をよく食べてました。それから木の実とかも。蜘蛛の巣にトンボをくっつけたり、基地を作ったり、自然薯を掘ったりして育ったんですよ」

地元の高校を卒業してからは、本州の体育系大学に入学。その夏休みには海水浴場でライフセーバーをした。

「まだ小さかった頃、釣りをする父に連れられて沢に行ったんです。そこで遊んでたら瀬に流されて、溺れかけた。それがトラウマになって、長い間二十五メートルも泳げなかったんですよ。それで大学時代には奮起して、ライフセーバーを一ヶ月間してみたり、まあいろいろと——」

そして四国へ戻ってきた。

「四国の山のなかで遊ぶいい方法はないかと考えていたときに、ラフティングを知ったんです。それで、まったくの未経験だったけど、ラフティング会社を訪ねて——ええ、いきなりに。できるかどうか自信はなかったけれど、何もしないでウジウジするのは嫌だったから。大歩危・小歩危は本当にいいところですよね。友達に『何もないからおいでよ』って誘ってます」

砂浜を離れ、島の集落へとカヤックを漕いだ。日本で最初に海員学校が置かれたこの島には、大正九年建築の洋風校舎が今も保存されている。そんな時代を伝えるものを見に行こうというわけだ。

だが、集落にある港では上陸できなかった。エンジン付きの舟にサイズを合わせたコンクリートの波止場では、カヤックでは取り付く島がなかった。

私たちは引き返して接岸できそうな砂浜を探した。海岸沿いに家々が並んでいて、海との間にはコンクリートの防波堤とテトラポットがずっと連なっていた。

まとまった水のある限り、カヤックを漕ぐ私たちはどこにでも行けるし、自由を感じられる。けれども日本社会が近づくにつれ、そんな伸びやかな感覚は、ときに朝露のように消えていく。


峡谷に蓋をしていた霧が飛散していくと、テントのなかは温室になった。辛くなって外へ、目の粗い灰色の砂に手をついて河原に出る。河原、ではあるが、川面は視界に入らない。ここは年に数度の大増水が造り上げた河原で、岩と礫と砂の堆積は厚く、川面は五メートルくらい下にある。まるで小さな砂漠のようだ。

隣のテントのジッパーが開き、ダイスケが頭から出てきた。素面で会うのがむずがゆい。焚き火を囲んで飲んだ翌朝はいつもそうだ。焚き火の前では、心を見せすぎてしまう。

焚き火の始末をしていると、岩壁にパドルの水音が響いた。午前七時過ぎ。そして砂利を踏みしめる音がして、山内さんが川から上がってくる。右肩に黄色いカヤックを担ぎ、空いた手にはパドル。上流から一時間ほど下ってきたらしい。黄緑色のカヤックを担いだショウを子分のように従えている。

「おまえも漕げよ！」開口一番、山内さんがダイスケに言う。「おはよう」もなしに、いきなり。

「オレ、今日は休日なんですけど」ダイスケが小声でこぼす。

山内さんとショウは体を拭いて出勤した――。

ラフティングツアーで多忙になる時期以外、ミスタ・ホワイトウォーター・山内さんの朝はこんな感じだ。早起きして激流へ、そして出勤して仕事で激流へ——夏は両性類のようにウエットな生活。年齢は三十代前半。この峡谷に暮らし、六年以上リバーガイドをしている。カヤックで激流に入り、飛んだり跳ねたり宙返りして遊ぶ『フリースタイルカヤック』の世界ではちょっとした人物である。ニュージーランド奥地の急流にヘリコプターで飛び、カヤックで下るというような冒険もこなす。

愛犬のクーピー（ミニチュアダックスフント・牡）をカヤックのデッキに乗せて急流を下ることもある。クーピーもそれを望んでいる。サーフィンすべき波があって、そこを素通りしようものならクーピーは吠える。急流に落ちて荒波に揉まれても平気だ。再びデッキに登ってふんばり、ノーブルな瞳で山内さんをせかす。

クーピーと彼の付き合いは峡谷に来る以前から。その頃山内さんは四万十川のほとりの大きな町で普通の会社に勤めていた。しかし、暮らしぶりは今の激流人生につながるものがあったようだ。

「朝起きて、出社前に自転車で三十キロ走って、そのあと会社までの五キロも自転車で通勤した。昼休みには四万十川でカヤックを漕いで、仕事を終えてもカヤックかスポーツジムに行った。夜はエビを獲ることもあった。ランプと網を持って、百匹ぐらいはすぐ獲れたな。ツガニも獲った。家に水槽を置いて、そのなかで常時二十匹くらい入れてましたよ。でもあいつらど

激流好きのカヤック犬クーピーと、ミスタ・ホワイトウォーター・山内さん。

んなことをしても逃げ出すんだ。でね、クーピーがその蟹に鼻を挟まれて。なあー、痛かったなあクーピー」

それより前の時代のことはよく知らない。

都会でハードロックバンドのボーカルをしていたことは、人づてに聞いたことがある。かなりいい線だったらしい。たしかに、見栄えのする偉丈夫ではある。当時のバンドメンバーのなかには、現在メジャーで活躍している人もいるとか、いないとか。山内さんは昨年結婚したのだが、その祝いの席では一曲披露したという。出席していたウシオは、大層感動した口ぶりでそのときの様子を話してくれた。

「上手かったですよ。でも人が変わったみたいで、びっくりしました」

それから、料理をするのが苦にならない男だし、腕がいい。軟骨や鳥皮など安い食材で、素早く旨いものを作る。自宅近くのスーパーへ一緒に行ったときなどは、鮮魚売り場を眺めながら、「この山のなかにいると、今、何の魚が旬なのか分からなくなりそうだ」と、台所に立つ人らしいことを言っていた。

独身時代の山内さんの家を訪ねたことがある。玄関の棚には自転車のパーツの箱が積み重なっていた。ポストカード大に印刷された奈良美智の絵――目つきが悪くてオデコの出た女の子の肖像――を柱にかけてあった。四畳半もない居間にはたくさんのCD――おどろおどろしい絵のジャケットも少なくない――と、横長のテレビと、PCがあった。

元ハードロッカーでタフ、愛犬家、野生児、ポップカルチャーとエレクトロニクスに興味があり、川の人で、まあ男前という組み合わせは、山に囲まれた林業と畜産の田舎町では珍しい。地元の人にとっては異質だったのかもしれない。

「ここに来たときなんか、飲み屋に入れてもらえなかったもんな。そのころは長髪だった。それでオウム真理教じゃないかとか。首飾りをしてたら、なんかの新興宗教じゃなかろうかと言われて。テル（山内さんとほぼ同期のリバーガイド）なんか胸にタトゥーがあるでしょ、それが知られたりしたらもう大変だったんじゃないかな」

ラフトやカヤックツアー事業についても、当時――といっても数年前のことだが――その町では賛否両論だったらしい。町所有の建物を借りて事務所にしていたから、選挙で町長が代わると追い出されるんじゃないか、そんなことを半ば真剣に彼とテルは話していたという。

「最近は町の青年団に入らされてね。うちらの仕事は体力使うし残業だらけでしょ、でも会合に出ないと悪く言われるから、がんばって参加してみれば、第一議題が『ボウリング大会について』。なんだろうねえ」

それでも彼は、地域とのつながりを大事なことだと考えている。彼の心には「リバーガイドの社会的地位を確立させたい」という思いがあるからだ。その実現には、事業として成功するのはもちろん、地場産業として地元に認知されることも欠かせない。

川面によい波が立っていて、そこを素通りしようものなら、クーピーは吠える。そして上機嫌でカヤックでのサーフィンを楽しむ。

「そういうことを常に頭において、仕事をしたり、地域の清掃作業や植樹祭にも参加している。飲み会にはあんまり行きたくないんだけどね」と彼は笑った。

五月の終わり、そんな彼から誘いがかかる。メンバーは他にアキラ、サトシ、ダイスケ。

その気にさせる夏の日差しがあり、鮎釣り師も他のカヤッカーもいない木曜日の朝。車の屋根からカヤックを下ろし、肩に担ぎ、空いた手にパドルを持って、峡谷の底へと山道を下りる。一抱えある岩で埋まった斜面を下り、川辺に着いたら、カヤックに乗って流れを横切る。遊べるホール——訳せば「穴」で意味もその通りなのだが、大きな落ち込みをイメージしてもらえれば結構——は対岸にある。

ホールでは、急角度で落ちた水流が、泡立つ返し波となって逆流している。ここにカヤックを入れると返し波につかまり、激流のなかで流されることなく同じ位置に留まっていられる。そしていろんな技を繰り出して遊ぶ。ホールから出て下流に流されたら、岸近くの反転流に乗る。そしてベルトコンベアーで運ばれるようにホールへと戻る。単純に川を下ることをダウンリバーというのに対し、カヤックで瀬に留まって遊ぶことをロデオとかフリースタイルと呼んでいる。

もちろん、フリースタイルではカヤックのデッキに波が押し寄せるので、バランスを崩して転覆することもある。というか、転覆することを気にしていない。カヤックを知らない人、もしくはカヤックの初心者にとって荒瀬での転覆は一大事かもしれないが、フリースタイルカヤッカーにとってそれは普通に「あり」だ。転覆しても慌てず騒がずスムーズに回転して水上に戻る。戻らないことには話にならない。

澄んだ空気を突き抜けた光線が、白波で乱反射する。波以外は、少し残酷な感じの青い風景に見えた。白い奔流のなかへ、飽和した光のなかへ、四人はかわるがわる入っていった。

まずは水切りの石のように水面で跳ねながらのサーフィン。

そして、水圧を使ってカヤックを垂直に立てる、スターン（船尾）で波を切るように鋭く反転する、定位置でコマのように回転する——。

そのたびに細かい飛沫が宙空に広がり、うっすらと虹を見せた。

激流でのダンスは、水流の秘密──その力強さ、複雑さ、美しさを明らかにする。そして、カヤックで行けば鮎のように激流でも自由になれることを教えてくれる。

アキラがバウ（船首）を、上流から落ちてくる流れに突き刺し、沈める。反動と浮力で加速しながらカヤックは押し戻され、後ろ向きに大きく空へ飛び出していく。すかさず上半身を前に倒し、空中で前転、着水、そのままサーフィン。

アキラとカヤックは、孫悟空と觔斗雲のようだ。それぐらい自由に飛び跳ねていたし、彼の髪は悟空のように短いくせ毛だった。パドルは如意棒のようでもある。そして表情には、リラックスのなかに猛禽のような鋭さがあった。

その日の午後、アキラとダイスケと一緒にこの川の支流へ行った。そこは山あいの沢で、流れはジンのように透明。木陰のある小さな河原にテーブルとクーラーボックスを運ぶ。そばには水深三メートルくらいの淵がある。傍らの苔むした巨岩の上には、包むように根を伸ばした大木が育っている。その枝が淵の上高くに張り出し、そこからトラジマのロープが垂れていた。ターザン遊び用に誰かがかけたらしい。しかし、岸からも水面からも手が届かない。

「これはだめだろう」とアキラが言う。

ダイスケが木に登り、ロープのかかった枝へと迫るが、落下。派手な音と水しぶきが上がる。

「怖えー」と言いながら、ダイスケは立ち泳ぎしている。

「木登り用の道具を持ってきて、今度かけ替えるか」とアキラが言う。

川を下る、それはカヤックに出来ることのほんの一部。流れを利用して川を遡り、荒瀬の中に留まって、波と遊ぶこともできる。急流の中での鮎や鮭のように、自由になれる。

腕を磨けば、カヤックは水面から解き放たれる。三次元で遊べるようになる。

早瀬の波でカヤックサーフィン。よい波の瀬は、休日になればカヤッカーで賑わう。とはいえ、海のサーフィンのように混むこともないし、波の取り合いもない。「ローカルズオンリー」なんてこともない。

彼は、アマゾンの熱帯雨林とマダガスカルの森で樹上生活をしていたことがある。といっても、ただ一本の木の上で暮らすのではなく、樹上から樹上へと、空中を横へ移動した。何日もかけて千メートルの移動を成し遂げたという。日が暮れるとその木の上で野営する。折り畳み式のテラスを広げて木に釣り下げ、そこが空中の狭い我が家となるわけだ。こんな生活を長いときには一ヶ月間続けていた。「熱帯雨林の樹冠の研究者は、早くから木に登る方法を見つけて実行していた。でも、樹上の横移動はやってなかった。だから僕らが」と彼は言う。

アキラたちの方法は珍しかったらしく、アマゾンでは、NASAの関連らしい研究機関——熱帯雨林とNASAの結びつきがイメージできないが、あの国のことだから——が興味をもち、四輪駆動車を貸してくれたらしい。

たいていのリバーガイドは峡谷で家を借りる。しかし、アキラは隠遁生活を好むがごとく、峡谷から支流に入り、国道とは名ばかりの狭い道のずっと奥、辺鄙な集落で暮ら

吉野川支流の透明な沢。リバーガイドたちの避暑地。

している。本人は「幹線道まで車で十五分もあれば着く」と言うが、その道程の心細さから感じる時間はそれ以上だ。

　また、いらぬ束縛を嫌ってか、ラフトツアーの客があるときだけガイドとして雇われるという立場を彼は選んでいる。つまり一回のガイドでいくら、という稼ぎ方だ。ラフティングシーズン中はこの峡谷で暮らし、オフは別のところへ行く。リバーガイドとしては7シーズン目。ハイウオーター（高水位）での激流下りなど、冒険的なパドリングをいくつも経験してきた。おそらくこの峡谷では、技量、判断力ともに一目置かれる存在だろう。

　ボヘミアンのように生きてきたアキラだが、昨年の夏に運命が揺れた。

　そのときのことを憶えている。十メートルの滝を彼がカヤックで下った写真を私は撮影していた。そろそろプリントして渡すかなと思っていた矢先、彼から電話がかかってきた。滝落ち写真のポジを預けてくれないかという。好きなだけプリントしたいのだと。それから、急いでいるのだとも。

「しばらくここを離れることになりました。次はいつ来られるか分からないので」

車を一時間走らせてアキラに会う。父親を亡くしたのだという。彼は隠していたが、表情の下には悲しみと、自分の生き方はどうなっていくのかという不安が透けて見えた。

彼の実家は事業をしており、つまり父親は社長で、アキラはその長男というわけだった。一族が集まり、彼が事業を継ぐべしというような雰囲気になった。家も会社もガタガタしていた。アキラは、金髪だったくせ毛の短髪を黒く染めてとりあえずサラリーマンになった。その頃に彼がくれた名刺には〈取締役〉と書いてあった。肩書きだけですよと、彼は少し笑った。

しかし今年になり、アキラは家業から足を洗う決心をした。「春には、優秀な弟が帰ってきますからね」と彼は言った。しかし足止めされているのか、なかなか峡谷に戻って来なかった。ケリがついたのは梅雨前だった。彼はあまり語らないが、母親を残して家業を捨てることは、やはりそれなりの決心だったのだろう。その判断が良いのか悪いのか、私には分からない。しかし、自分に正直でいるには、ときに強い気持ちが必要になることは知っている。

ビールを一缶飲んだアキラは、川べりにあるすべすべした丸い岩に背中をもたせ、目を閉じた。寝ているのかと思えばときどき会話に参加してくる。今日は上半身だけ裸だが、昨日は素っ裸でこの川に来ていたらしい。

「あんなカラダの三十代ってありか?」と、私はアキラに少し嫉妬する。

といっても、スポーツジムの器具によって作られた、これ見よがしな筋肉ではない。それは激流下りの日々によって磨かれた、この峡谷を写した肉体だった。

だからこれは防げない事故なのだが、彼の場合、「夏、グッとくる女」という条件が揃うと、いつの間にか上半身裸になる。そのときはじっくり眺めて、触ってやってほしい。噛み付いてはこない。

ダイスケがウクレレを爪弾いている。

「こういうことばっかりできる暮らしがいいなあ」

誰となく、そんなつぶやきが漏れた。

人並みにお金を稼ぐ方法を手にする前に、ライフスタイルを見つけてしまった男たちだった。

数日後、フリースタイルカヤックの写真が現像されてきた。ライトボックスの上に置いたスライドフィルムをフォトルーペで凝視しながら、アキラは「カッコエエ、俺カッコエエ、俺サイコー」を繰り返した。そしてその周りでは、〈また言ってるよ〉的な笑いがあった。かなりあきれながら、しかし、少し羨ましさを含んだ笑いだった。

「ギターなら弾けるんだが」と、ウクレレの４弦に戸惑うダイスケ。

この峡谷のリバーガイドには、いろんな世界を旅し、人々と出会い、ありきたりではない経験を積んだ人物が多い。

彼らは類型に頼らない生き方をしている。または、なるべくそうありたいと願っている。好きなことがあって、それが自分にできることであるなら、止める理由は何もないことを知っている。

例えば女であること、男であること、長男、家業の後継者、高卒、大卒、若者、中年であることに彼らはとらわれない。いわゆる「世間」が認めてくれる無難で波風の立たない「こうあるべきだ」を、彼らは適当にあしらう。

それはどことなく川に似ている。もちろん昔ながらの川だ。大地を削りながらあるがままに流れ、矢のように走ったり飛沫になったり逆流したり留まったりする、そんな混沌と調和がない交ぜになった川を写したようだ。

人によっては、彼らを好意的に見られないかもしれない。日本の豊かさの上で胡坐をかいているだけ、「ニート」だろう、と。

なかでも、因襲的な——つまり世間になびく——考え方に固執する人、そしてその取り巻きにとっては異質な存在だ。リバーガイドたちとの溝は深く、時として不快な出来事になる。

アイコからこんな話を聞いた。

「ボーイフレンドが家に遊びに来るでしょ、彼の車があるから、近所のおっさんがそれに気づいたらしいんですよね。まあ、それは別にかまわない。でも、私に面と向かって、あの男はなんだ、一緒に住むならちゃんと結婚しろと言ってくるんです」

その口調は偉そうで、高圧的だったらしい。

「地区の寄り合いに出たときなんか、つまりそれはただの飲み会なんですけど、お酌をさせられたり。そして酔ってくると、ラフティングの悪口がポンポン出てくる。何にも知らないくせに、知ったような口ぶりで、本当じゃないことを言うんですから」

その場にいたラフティング関係者はアイコだけだった。

「酒の席になると、地元の人がラフティングのことを悪く言うことはよくありますよ。普段はそんなことに触れないのに」と、他のリバーガイドたちも言う。

峡谷で旅行者が溺死した件についてもこんなことがあったとアイコは言った。

「あの遺体引き上げって、地元の人たちは消防団がやったことだと思っているんですよ」

実際は、山内さん、コーイチ、サモ、ケンが遺体を見つけて引き上げていた(三章参照)。しかし、遺族からリバーガイドたちへの礼はなかった。消防団の一員だと思われたのだろうか。

「で、ラフトツアー会社の奴らは大したことない、みたいに言われて、私も腹が立って」

アイコは、真実はこれこれこうだと話した。バツが悪いのか、信じたくないのか、相手は黙ってしまった。

「それでも偉そうにしてましたね。同じようなことがまた起きたら、今度は流れを横切って川幅いっぱいに網を張るらしいですよ」

川を下るラフトやカヤックが、そして沈脱して泳ぐ人がもし網に絡まったら——については、どうやら無視されているらしい。

もちろん、川の人を温かく迎える人もいる。川の人が暮らせる家があることは、その何よりの証拠だろう。この峡谷で家を借りるにあたり、仲立ちになるのは不動産屋ではなく、信頼関係なのだから。

また、川の人への気持ちは、地区によっても温度差がある。マークの暮らす、そして事務所を構える集落では、新しい血や文化が入ってくることに鷹揚であるらしい。

マークはオーストラリア人で、日本人のサチさんと結婚、子どもが一人いる。峡谷からずっと登った日当たりのよい山腹の民家で暮らしている。

「初めてこの峡谷をラフトで下ったとき、ネパールの川みたいだと思った」とマーク。たしかにここは、ヒマラヤから続く照葉樹林文化圏の東の端である。

「それに地元の人がお酒好きなのも似てる」そう言ってマークはニヤリとした。この山里での飲み会によく誘われているらしい。

当初は雇われのリバーガイドだったが、二〇〇四年の春に独立して自分のラフトツアー会社を設立した。ガイドはマークを含めて三人。事務所は峡谷に面していて川へのアクセスがいい。その地区の保育所だった建物の一部を利用している。

「とてもいい条件で貸してくれました」とマークは言う。

彼はこの集落でとてもうまくやっているようだった。

「マークの家に行ったら、お婆さんが部屋を掃除していた。親族かなと思ったら、近所の人だった。いや、家政婦じゃなくて」

「その人が、『マークは私の息子です』って言うおばあさん？」

「かな？　それからマークとサチさんが忙しいときは、隣近所で子どもの面倒を見ているらしい」

なぜ、国も人種も違う彼が、日本の田舎社会に溶け込めたのか。

「ここの人はとても好奇心があって、実にスムーズに僕を受け入れてくれた。いい人たちに恵まれました」とマークは謙虚だが、消防団への参加など、地域社会に積極的であることも理由の一つに違いない。

でも、つまるところは、互いに〈縁〉を大切にする人たちが、そこで出会うという〈運〉に恵まれた、ということなのだろう。

マークがこの地で住居を得たいきさつも、〈運と縁〉を強く感じさせるエピソードだ。

まずマークに先行して、サチさんと子どもがキャンピングカーでこの峡谷を訪れた。借家を探しに来たのだが、ツテも知り合いもなく、途方に暮れていた。

しかし間もなく、河原で釣りをしているおじさんに出会い、話をする。事情を知ったその釣り師は、「それなら、ＪＲの駅のおばさんがなんとかしてくれるだろう」と助言した。

早速サチさんはそのおばさんに会いに行った。するとおばさんは「それなら、〇〇に住んでいるあの人がなんとかしてくれるだろう」と次の行き先を示してくれた。そして、「あの人」は本当になんとかしてくれて、今の家を借りられることになった。

この地域の子どもたちに英会話を教えることもマークは始めている。

「広場で野球などをして遊びながら英語を使うやり方でね。生徒は二十人くらいかな。なんか、この辺りじゃあ英会話がブームみたい」

「英会話じゃなくて、マークが人気あるんじゃない？」

そうかな、と、彼ははにかんだ。

お盆を一週間後に控えた土曜日、マークの事務所の隣の広場で、結婚式があった。

マーク・トレストン。出身はオーストラリア、流暢な日本語を喋る。ラフトツアー会社代表。地域の消防団にも参加している。

二人はともにオーストラリア人。新郎は、ここからディーゼル列車に乗って二つ目の集落の中学校教師。新婦は高知市内で英会話の先生をしている。マークのラフティング会社のお客であり、この峡谷をえらく気に入り、結婚式はぜひここで、となったらしい。それでマークと地区の人が一肌脱いだというわけだ。

低い木立に囲まれた広場にシートを敷き詰

め、Uの字に座卓が並べられた。広場の端から見下ろせば、谷底で吉野川が早瀬になっている。夕刻、羽化の時間だ。カゲロウだろうか、白く小さな無数の点が、川面の淀みから次々と空に浮かび、風に乗っていく。

参加者は、両家の親兄弟――オーストラリアから来た――と、新郎新婦の友人知人、そしてこの地域の住人。百人は越えていそうだ。マークはあちらこちらで談笑したり、はるばるやってきた新郎新婦の親族の世話をしていた。

私はその姿を眺めながら、昔の彼を知る川の人が「マークは変わったよね」と言っていたのを思い出していた。日本に来た当時のマークは、ラフトツアーの後片付けはサボる、すぐキレる、「ファック!」を連発するなど、いわゆる〝やんちゃ坊主〟だったらしい。彼の同僚は、「マークの娘が最初に覚えた言葉は『ファック』じゃないかな」と笑いながら言っていた。

「それにほら、いつだったかマークはホテルでバイトしてたでしょ。そのとき掃除の仕事をサボって大浴場に浸かってたらしいよ、ときどきね」

周りでは、近所のお母さんたちがハンバーグや焼き鳥などを炭火で炙り、野菜を入れたサラダボウルをかき混ぜている。食欲を刺激する完璧な匂いがみんなを包んでいく。でっかい桶代わりになったラフトボートには、氷と缶ビールがぎっしりと浮かぶ。子どもたちがあっちこっちで走り回っている。

大きな楠の下にしつらえた祭壇の前で、この地区のネイティブな儀式――たぶん神前式なのだと思う——が行われ、二人は夫婦となった。アジアらしい人々の歓待と、湿気と、夏の夕暮れに祝福されていた。

マークが祝辞を読んだ。まるでこの地の名士のように、みんなから拍手と歓声を受けていた。

ようやくテルの家へ遊びに行く。〈ニュージーランドから帰ってきました〉と連絡をもらってから、もう一ヶ月が過ぎてしまった。

彼は昨年までこの峡谷で大手のラフティング会社にいたのだが、今年からマークの会社に移った。体の線は細く見える。しかし体格は、減量で苦労したことがないフェザー級のボクサー

テル。世界の激流を下る男。

といった感じだ。夜の街に出没して壁にカラースプレーで絵を描きそうな、アンダーグラウンドな雰囲気も漂わせている。柔和な顔立ちながら、突然きついスラングを吐いたりもする。トリックスターの素質があるのかもしれない。

見方によっては、彼は「悪い」男なのだろう。例えば、やるべきことをやるためには手段を選ばない、というような。とはいえ、それぐらいの「悪」がなければ人間はつまらない。

そして相当なカヤック漕ぎである。この頃はひたすら刺激を求めているようなパドリングをしていた。例えば夜中に激流を下る、といった。

「月明かりが、かすかに峡谷を照らしていた」とテルは振り返る。いつもなら、岩や波を目で見てその先を予想し、先手を打つようにカヤックを操る。だがこのときは受身だったという。

「波や岩を感じて、瞬時に反応しないといけなかった」

目の見えない剣士のように感覚が研ぎ澄まされる。荒瀬と、カヤックの揺れと、闇が生み出す浮遊感で、天地が曖昧になっていった。それは麻薬のように危険な陶酔感だった——。

マークの事務所から、脱輪に気をつけながら道路を五分上る。道が膨らんだところで車を降り、そこからコンクリートの狭い道を歩いて谷へ二分ぐらい下っていく。軽自動車じゃないと通れない道幅。途中、橋に見えない橋があって、その橋脚の足元が掘れて空洞になっている。「危ないから自動車は通らないほうがいい」と大家は言っているらしい。

家が見えてきた。テルの愛犬シャンティーが尻尾を振りながら吠えている。飼い主に似て体

テルの愛犬、シャンティー。ヒンディー語で『平安』を意味する。

の線がとても細い。白地に薄茶色の斑が入った毛だ。三年前は、捨て犬として保健所で殺されるのを待つ雑種犬だった。

「このあいだ、猟犬に追いかけられたんです。猪猟に使う犬に。でもシャンティーのほうが足は速いしスタミナもあるから、最後には猟犬がバテて動かなくなった。そしたらシャンティーは『タタタ』とその犬に近づいて、片方の前足を相手の額にタッチしたんです。そして、しばらく足一本で相手の動きを封じてた」

「達人だねえ〜」と二人が笑っているのを、ヒンディー語で『平安』を意味するこの犬はじっと見上げていた。「『シャンティー』っていうのは、ヒッピーたちの挨拶言葉なんだよ」とテルは言う。

それにしても大家はなぜここに家を建てたのか。峡谷への見晴らしはいいものの、急な傾斜地で平地はほとんどない。林道からも離れている。敷地の端は、雑木に覆われていてそうは見えないのだが、実は百メートル下の峡谷の底までストンと落ちている。こんなふうに山肌にしがみつく家を、ヒマラヤの奥地でも見た気がする。たしかあれは、高僧が修行のために籠る僧院だった。

横に長く建てられた純和風の平屋だ。玄関は二つある。台所も二つあり、子どもづれの二所帯が楽に暮らせる広さがある。薪炊きの風呂とトイレは別棟になっている。

「この辺りの人は、台所ではガスを使っていても、風呂だけは薪の人が多いよね。ガスで焚いた風呂の湯は『肌にちくちくする』らしい」とテルは言う。

トイレは狭いし、天井がやたらと低い。「ピグミーの便所だ」とテルは笑う。

「外人も遊びに来るから、大便所のほうには洋式便座を置いた。でも、そこに座ると膝が壁につかえるんだよね」

大工が自宅として建てた家だけあって、柱や桁には太くて木目のいい木を使っている。金や銀を使った襖とか、鶴を刻んだ欄間とか、なかなか豪儀だ。

「ぼくが入るまで十年間空家だったらしい。そのわりには綺麗でしょ。ガタもない」

二所帯住宅のようなこの家の間取りを利用して、民宿を始めようかとテルは考えている。約八畳の台所、十六畳の居間、二間の純和室と玄関などがある棟を、素泊まりの宿にする計画だ。

すでに居間は、絵画やガネーシャ神の像、エスニックな布、ソファーなどで飾られ、居心地のいい和風カフェみたいになっている。大きく開いた縁側からは、森のフィルターを通り抜けた風が入ってくる。

「ラフトに来た客で、この峡谷で泊まりたいという人は多いよね。でもいい宿が今はない。ただラフトをして、高知市街などのホテルに泊まる。じゃなくて、この峡谷で一泊してのんびり過ごしてもらいたいよね」

「何もなくても受けると思うよ。それに、庭にいい池があるじゃないか」

「沢からの綺麗な水が流れ込んでるからね」

「あれにトマトやスイカやキュウリを浮かべてさ、宿泊客に『ご自由にどうぞ』とかいいよね。

テルの家には、山の清水を引いた池がある。スイカや野菜を冷やすのにいい。

事前に予約があれば、炭と野菜と肉のバーベキューセットを用意しますとか」

そんな話をしていると、新しい風に吹かれているような、いい気分になってきた。ただの絵空事かもしれないが、僕らにはやりたいことがある。幸せだ。

この家を借りるにあたって、マークの存在は大きかったという。

「マークのおかげで地元の理解があったからね。ぼくがこの家に入る前に、地元の人が十人ぐらいでここに来たらしい。そして草を刈ったり、家の前の景色をふさいでいた桜の木を剪定してくれた。この地区はみんな家族みたいな付き合いをしていて、共同の畑とかを持っているんです。この間はジャガイモの収穫に参加して、ドンゴロス七袋分も取れてね、分けてもらった」

とまあ、ありがたいこともあるようだが、多いときには週四回の飲み会など、濃い付き合いには少し当惑しているようだった。

「おじさんたちは飲むとシモネタが多いし……まあ、いいことも悪いこともある。うまく付き合わないとね」

テルが所属するマークのラフティング会社は、小規模で、開業したばかりで、大々的に広告できるわけでもなく、経営はなかなか大変なようだ。友達やツテを利用したり、チラシを持ってカフェや美容院などに飛び込み営業したりと、集客に努力している。

「一年目なので宣伝も必要だし、今年は薄利でがんばりますよ」

「大手の会社から移って良かったことは何かな」

「前の会社だと、ガイド歴二〜三年が平均だよね。となると、ツアーでやれることに限りがある。大きめに安全のことを考えないといけないよね。でも今のぼくらみたいに、みんな一定以上ガイド歴があって、互いのことをよく理解している会社だと、より楽しいツアーができるし、より上を追求できる。信頼できるパートナーだからこそのラフティングってあるよね」

この日もそんなラフティングツアーだったらしく、一日が満たされたような顔で彼はそう言った。

信頼。もちろんそれは、川の上でともに時間を費やした末に生まれてくる。だが直感的なものでもあるようだ。なぜなら、相手の過去や経歴を知らないまま人間関係を築くことは、川の人の間では珍しくないからだ。

「考えてみればあなたのことも謎だ」

テルにそう言われて、私は過去をテルに語る。なぜか恥ずかしい気がする。それじゃあテルはどうなのと、話を促す。

テルの実家は飛騨にあり、家族経営の小さな会社をしている。説教好きの父——「でも、それが僕の友達には好評で」とテルは言う——と、話し好きの母——最近、長男の嫁に家業の事務仕事を渡して引退、退屈らしい——に育てられた。大学では経営学を専攻。在学中は休学してワーキングホリデーを利用してカナダで暮らしたり、オーストラリアに語学留学した。

「語学留学は単位のため。大学三年のときカンニングがばれて、ちょっとの単位しか取れなかった。それで、四年で取れる全単位をたしても卒業単位に届かなくなった。そんなとき、夏休みに語学留学すれば単位がもらえるって知ってね。出費だったけど、留年なんか絶対したくなかったし」

でもまあ、そんな留学のおかげか、テルは英語が堪能だ。外国の激流へも気楽に出かけていく。この前の冬は、ニュージーランドでリバーガイドをしていた。

「だいたい半年ぐらいかな。まずニュージーランドでリバーガイドをしていた。ニックのところに行ってみた」

ニックは二年前にこの峡谷でリバーガイドをしていた。テルの元同僚だ。

「でも彼のラフトカンパニーに仕事はなかった。でもそこには売り出し中のデリカ（ワンボックス車）があった。外国から来たニックの友人カヤッカーが、ニュージーランドを旅するのに使ったあと、『売っといて』と置いていった車なんだけど、それを千NZドルで買った。そいつを運転して南下していったよ、ラフティングの仕事を求めてね」

日本からメールしておいた数社のラフトカンパニーを訪ねながら、南へ。

羊と丘の風景が、窓から入る風と一緒に流れていく。

ときどき、羊歯類の多いジャングルのような森を見た。ここがマオリ族の国だった頃の名残かもしれなかった。

たくさんの川を渡った。文句のつけようのない清流が多い。そして、大歩危・小歩危峡以上の冒険と危険に満ちた急流も。そんな川に出会いながらテルは車を走らせた。この国はどうしようもなく自分を惹きつける、いつか――、そんなことを漠然と考えながら。

夜が来たら適当な場所を見つけて停まり、車で眠った。ビールの値段が安くて嬉しい。

さらに南へ。急流を眺め、雪を抱く山を仰ぎ、ときどき深呼吸をした。

氷河に覆われたニュージーランドの屋根、サザンアルプスの麓にあるクイーンズタウンに到着。四方が二キロ以下の小さな町で、人口は約二万人。雪を頂く峰々に囲まれた湖畔のリゾート地で、スキーやラフティングなどアウトドアスポーツのメッカとして知られている。

ここでテルはメールしておいた会社に顔を出す。ボスが話を聞いてくれる。オーケー、近々川下りのレスキュー講習会が三日間ある、それに出てみないか、そこでの君の姿をまず見てみたい、どうかな。

「レスキュー講習の講師たちはラフティングカンパニーの社長だったりするから、顔つなぎにもいいかと思って参加した。結局は『講習会に出てみろ』と言ったボスの会社に雇われたんだけどね」

その後、カンパニーでのトレーニングを経て、二週間ぐらいで正式にリバーガイドになった。主な職場、つまり急流はショットオーバー川。割れて鋭く尖った岩の峡谷を落ちていく激流だ。

「八百メートルほどの区間に、鮎戸、曲がり戸、森囲い、二段（以上、小歩危峡でも有数の瀬）ぐらいのきつい瀬が、息つく間もなく連続していた。それにトンネルがあるんですよ、百メートル以上のやつが、川に。信じられないでしょう？ それをラフトでくぐって出ると、いきな

アキラやサトシと同じく、テルもカヤックで飛べる。アキラやサトシと同じく、水面から自由になれる男だ。

りすごい瀬がある。それに、昔この川には金鉱掘りの人たちが入っていて、そのときの掘削機械や道具が川底に沈んでいるんですよ。瀬で川に落ちるとそれに引っかかったりする。すべての瀬で一人は死んでいる川なんです。だからツアー前には『危ないよ』ということを客によく伝える。客にも本気でラフトを漕がせる。マイクロエディ（小さな淀み）を掴まえて一旦そこに入らないと、その下にあるきつい巻き波のホールに絶対やられるとか、とにかくシビアな操船が必要な川でしたね」

夜は車で寝ていたという。それが二〜三ヶ月間ぐらい続いた。

「仕事が終わると車を走らせながらねぐら探しです。公園の駐車場とか、まあいろいろ。クイーンズタウンはキャンプ禁止で、見回りのおっさんに三回ぐらい注意されましたね。そのうちの一回なんか、車を停めて本を読んでいただけなのにね。

目をつけられてましたよ」

根無し草の暮らし。テルはそれをまったく気にしなかったように話す。人生における彼らの優先順位は明確だ。やりたいことがあればやる、それ以外は知らない。

国境を越えることも気にしない。土地や諸々の呪縛をわきにやって、気に入ったところに行くだけだ。

そんな彼らの存在が「一所懸命」でやってきた田舎社会に何をもたらすのか。物語はつい最近始まったばかりで、行く先は見えない。

「次の冬はチリに行きたいですね。いい滝がたくさんある」

もちろんテルの場合、眺めるのではなくて、カヤックで落ちに行く。

「ザンベジもいいな」

「アフリカの？　カバに襲われるか、クロコダイルに食われるんじゃない？」

眠るような山里には不似合いな会話。テルと私は話し続ける。隙間から忍び入る山の夜気が、足元をなでていった。

第五章　サマー・リバーガイド・ブルース

峡谷の山肌にネムノキが目立ち始めると、六月。光を求めて四方に枝を伸ばす高木で、枝の端ごとに、四つぐらいの花と十以上のつぼみが集まっている。薄紅色の筆先が乾いて広がったような姿の花は、バトンリレーするように次々と咲き、峡谷を行くリバーガイドを夏の途中まで見守っていく。羊歯のようなその葉は、陽が落ちればゆっくりと閉じ、峡谷の空気をかすかに、優しく掻き乱す。

この頃、峡谷での鮎釣りが解禁になる。

ここでの鮎釣りはだいたい二種類だ。

まず、縄張りを持つという鮎の習性を利用した友釣り。長さ約五間（九メートル）の延べ竿から伸びる細い釣り糸に、鮎（オトリ鮎）を生きたまま取り付ける。オトリ鮎の体には、まとわりつくように二〜三個の釣り針をそわせておく。そして、鮎が縄張りを作っていそうなポイントへ竿さばきでオトリ鮎を誘導し、泳がせる。うまくいけば、縄張りを荒らされて怒った鮎がオトリ鮎に体当たりし、釣り針に引っ掛かる。

鮎の餌は藻類で、これは川底の石に付いて成長する。だから鮎の縄張りというのはその石と周辺だ。そして藻類は光合成によって育つから、光がよく届く浅瀬の石というのが釣り場になる。

もう一つはシャクリという方法。釣り糸の先のほうに複数の釣り針を並べるように結わえ付け、さらに先にはオモリをつける。これを鮎のいそうなところに放り込み、しゃくるように引き、泳いでいる鮎を引っ掛ける。釣り場は鮎が溜まっていそうなところ、例えば落ち込みの下のエディ（淵）などだ。そこでは、落ち込みを遡ろうと機会をうかがう鮎が集まっている。

地元の人はだいたいが、手っ取り早くて気軽なシャクリ釣り派だ。友釣りだとオトリ鮎が必要で、これは一匹五百円ぐらいする。オトリが弱れば釣れなくなるので、何匹か用意しないといけない。それにこの峡谷は友釣り向きではない。下流にはダムがあって、海で育った天然鮎の遡上はそこで多くが止められる。峡谷にいるのは春に放流された養殖魚がほとんどだ。この養殖魚、どういうわけか、縄張りに入ってきた他の鮎をあまり追わないらしい。

で、鮎釣り解禁後は、パドラー（ラフトやカヤックを漕ぐ人）と釣り師は川を共有することになる。いや、時間制の棲み分けと言ったほうが正確か。峡谷の下半分（徳島県側）では、鮎釣りの期間中に川の通行規制がある（ラフティング事業者と漁協との協定であり、法的拘束力はない）。例えば、曲がり戸の瀬だと、通過時間は午後二時から三時までの一時間。それ以外の時間、日の出から日没ぐらいまで、鮎釣り師がその瀬を独占する。

さて、曲がり戸の瀬である。連続する大きな落ち込みと、ラフトが張り付く岩が待ち構えるこの難所では、ラフトやカヤックは一艇ずつ下る。そして通過時間制限もあるから、連休や夏休みになると、瀬の入り口付近はラフトでひしめくことになる。ひどいときには一時間近く待たされる。貴重な長期休暇をラフティングに捧げた客に対して、これは少々まずいのではないか。もちろんラフティング会社は時間配分を工夫しているし、リバーガイドは客を退屈させないように気を配る。しかし、それでも限界はある。

二時が近づいた。瀬を見下ろす岩場に各社の陸上サポートが集まって来る。そのうちの一人がアンカー（確保支点）にロープをセットしようと、いつもの岩に近づく。

「――!」彼女の眉間に皺がよった。

「わー！　だめだよそこ！」他のサポートメンバーが叫んだ。

ひどい悪臭だ。岩場の一角は釣り師の小便場になっていた。仲が良いのか、だいたいみんなそこで放尿するらしい。

「犬じゃないんだから、もー！」

岩盤で染み込まないし、流れて行くこともない。どんどん尿が濃縮されている。

岩場の一部にはコンクリートも流してある。安定した足場で釣りをしたいのだろう。自然の景観なんて知ったことか、鮎を釣るためなら、なのか。

尿のことで思い出したのだが、七年ほど前（二〇〇一年）の新聞記事に、ラフティングの客が増加したため大歩危・小歩危では糞害が問題になっているという記述があった。「トイレが少ないので、人々は河原で用を足す。ある場所では排泄物で足の踏み場もない」のだという。

ところが、その記事が掲載されるずっと以前から、集客力のあるラフティングツアー会社は、昼食で上陸する場所に簡易トイレを用意していた。小規模なツアー会社にしても、公衆または私有のトイレを使わせてもらっていた。ラフティングツアーは女性客のほうが多い。外から見て大便が目立つような場所で野グソをさせるわけにはいかないのである。新聞に書かれていた大便は誰の仕業なのか、それともガセネタなのか。新聞社――大手全国紙である――はどういう判断で掲載したのか……。この記事のことをリバーガイドたちに話すと、たいてい疲れたような、哀しいような顔になっていた。

最初のラフトが瀬に入る。少しフライング気味だ。釣りをしているおっちゃんが、サポートの女の子にえらく怒っている。たった五分ぐらいなのだが。

二時を回った。次々とボートが下ってくる。釣り師の一人はまだ釣りを止めない。

一隻のラフトが釣り師の竿先のほうへ流されようとしている。瀬の轟音で釣り師は気づかない。ラフトは釣り糸のそばを――つまりたくさんの釣り針が並んでいる辺りを――波に揉まれながら通過。シャクリ釣りの人はビクッとして竿を立てる。そして「向こうを通れ！」と怒鳴る。

彼の隣にシャクリ釣り師がもう一人加わった。

約一ヶ月ぶりにコーイチに会う。カヤックで峡谷を下っている最中に彼は左肩を脱臼し、しばらく川から離れていた。

この年、知り合いのリバーガイド約三十人のうち、記憶に残っている怪我はコーイチ以外に四件。

＊ナホ

カヤックで瀬を下っていて転覆。ヘルメットをかぶっていたが、水中の岩で左顔面を打つ。年頃の女なのに顔が少し腫れた。「首にも衝撃が……」という。

ラフティングツアー中に波に飛ばされ、眉の上を切ったリバーガイド。

＊テル

ラフティング中に小指をひどく痛める。幸い折れてはいなかった。薬指を添え木にして包帯で固定。

＊トオル

ラフティング中、荒瀬で前に飛ばされ、額を打つ。お客の背中か、ラフトか、パドルか、何にぶつかったのかはっきりしないが、右眉の上が切れて流血。

＊サトシ

プライベートで沢登り中、掴んだ岩がはがれて急斜面をずり落ちる。右手小指の第三関節をザックリ切り、数針縫う。昨年も彼は川で怪我をしてしばらく仕事ができず、金に困っていた。

その他、軽い打撲ぐらいの怪我はもっとあったろう。彼らはプロとして高いレベルのツアーを追求するから、体を痛めるチャンスは多くなる。

コーイチの顔はリバーガイドのなかで浮いていた。鋭角的にはっきりした顔立ちなのだが、レレに「病人みたいな顔やで」と気味悪そうに言われる。

「だって、ずっと事務仕事だし」とコーイチ。

「でも、うちらが異様に黒いんだろうなあ。ラフトの客で、うちらくらい黒い人、いないよな」

「ぼくら、遠くに来すぎちゃいましたねえ」レレは少ししんみりとなった。

彼の顔の揉み上げには、日焼けしていない線——激流用ヘルメットの顎紐の跡がくっきり残っている。

「ところでどうよ」

「もうだいぶいいですよ」

コーイチは左腕をぐるぐる回した。

「じゃなくて、式場とか決めたらしいじゃん」

「はい……」と、声の力が少し抜ける。いわゆる世間で一般的とされる予算――川の人には目もくらむ額だ――の結婚式を挙げるらしい。

「結婚式はシンプルにしたかったんです。いい方法を教えてもらおうと思ってたんですけどね」とコーイチの声は弱い。

「向こうの意向が強く出た式になったんだな」

「一人娘の結婚式なので……」

「まあ、みんなが納得して、丸く収まるのが一番だから、こんなことは」と、彼を慰める。

コーイチの結婚相手は固い家庭で育ったと聞く。父親の職業は、固さでいえば日本で二番目くらい――なにしろ法の執行人――で、融資の審査を楽にパスしそうな役職にも就いているらしい。目に入れても痛くない一人娘と、低収入で不安定なリバーガイドが結婚することを、よく受け入れたものだ。

まあ、好青年の部類に入る顔立ちではある。でも少年時代、養殖のアワビを盗んで、「磯で獲った天然物」と偽り、父親にこっぴどく叱られた――今では笑い話だが――などという前科は、たぶん知らされていないのだろう。

「指輪とかいろいろ物入りだなあ、これから」

「うーん、そうですね」

サトシが会話に加わってくる。

「統計的には、結婚指輪をしていなくて、住居の広さが3DK未満の夫婦は別れやすいらしい」

「指輪なんかシルバーでいいよ」

「材料を買って、自分で作ったら?」

好き勝手を言う川の人たちに囲まれ、コーイチは気持ちが楽になっていくようだった。人懐こい皺が、目じりや頬に浮かんでいる。

「コーイチが結婚したら、紅白にしたパドルを持たせようぜ」と、サトシが嬉しそうに言った。

結婚式は十二月なのだが、コーイチは九月に入籍した。

そのすぐあとの九月四日、アキラとサトシはまだ闇に覆われている朝に起きた。

峡谷には、蓋をするように山霧が降りていた。今日も晴れらしい。二人は車を三十分走らせてコーイチの家に行き、駐車場へと忍び寄った。

時計をちらりと見る。袋から二色のガムテープを取り出した。そして、さも自分の車をいじっているような、気楽な感じで作業に取り掛かる。早起きの隣人が不思議そうな目で二人をさっと見た。孫悟空のような短い癖毛の男と、イタリアのサッカー選手のような尖った顔に短髪の男(耳にはピアス)が、こんな朝早くに何をしてるのか?

二色のガムテープを交互に、縦縞になるように、ジムニーの車体に張っていく。地の紺色が見えないよう、素早く、隙間なくびっちりと。もちろん屋根の上にも。窓とウインカーとランプ以外は全部である。顔がニヤニヤするのをどうしても止められない。

すっかり朝の明るさになった頃、二人は数歩下がって車をぐるりと見回した。いい出来だ。

そして声を殺して笑いながら、早足で逃げた。

それから約二時間後、コーイチは、紅白の緞帳模様になったジムニーで出勤した。後部ウインドウには角張った文字で「結婚しました」と、これもガムテープで書いてあった。

ラフトツアー会社に到着すると、紅白のパドルと、紅白のヘルメット――テッペンに金で「寿」の字をしつらえた――を渡された。ツアー前のガイド紹介のときには、六十人以上のお客に入

祝・結婚！　コーイチに授けられた寿ヘルメット。

籍を祝福された。

そしてアキラとサトシは、まだ九時なのに空腹を訴えていた。半日分の仕事をした気分だった。


蒸し暑い日が続き、都会人のストレスが順調に溜まっていく。それに比例してラフトツアーの参加者数はピークに近づく。リバーガイドにとっては一番の稼ぎ時。そして、ガイドらが勢揃いしてパーティーをする季節でもある。

七月半ばのサタデーナイト、川辺にあるラフトツアー会社の敷地に四十人分以上の食材が集まる。そして仕切り役は誰か、作業の分担はどうなっているのか曖昧なまま、万事順調に物事が進んでいく。アイコたちは米を焚いておにぎりを結ぶ。ナホは野菜を切っている。サトシが数人の男を引き連れて三リットルの瓶ビールを買いにいく。彼らが帰ってくる前に誰かが大型クーラーボックスと氷を用意した。焼肉用の大型グリルが四つ並べられ、炭がおきる。椅子が運ばれて来る。リラックスした言葉が行き交う混沌とした空間で、いろんなことが同時進行していく。

そしてぴたりと宴の準備が完了する。あと数人がまだ来ていない。でもビールの誘惑には勝てない。怒号のような声で乾杯した。普通の会社みたいに上司の挨拶を待つ気はないらしい。ガイド同士の結婚の報告がある。冷やかしとキスの要求と歓声が峡谷に響く。誰かがビデオをセットして、今日の『二段の瀬』の画像を頭上のモニターに映した。大きな落ち込みを下るラフトが次々と現れ、そのたびにラフトのガイドをみんなが讃えている。

しかしこの映像、ずっと定点で撮影されたもので、ラフトがいない瀬の時間がやたらと長い。そしてほんのわずか——たぶん三秒ぐらい——画面の端から端まで動くラフトが現れる。そしてまた長い空白。間抜けなビデオだが、みんな構いはしない。

「次は誰だ!」「ウシオだ!」そして無事下るシーンが数秒。「イエー!」と叫ぶガイドらがウシオに駆け寄り、手にしたビールを彼の頭にかける。その飛沫が焼肉グリルにかかり、炭からモウモウと白い煙が上がる。

ビデオが終わるまで、その日のガイドはほぼ全員ビールで汗を流した。

そのあとは脱ぎたい人たちの時間。裸の男のプロレスを見せられるなど、まあいろいろあって、アキヨが「今日、ノーブラやで〜」と叫んだりする。

明日もラフトツアーはある。宴は最高潮だが、二二時でスッパリと片付けに入る。さっきまでのバカ騒ぎと酔いは消え、川の人たちはテキパキと動いて宴会の跡を消していった。

翌朝、六時ごろ、ガイドハウスの外ではマサさんが陽に向かってヨガをしている。彼は相当なサーファーでもあって、四十一歳。締まった体と、年齢にとらわれない自由な気風の持ち主だ。中年なのに、そして太っていないのに、人並み以上に飯を食う。理容師でもあるらしい。髪型はさっぱりと短髪で、頭頂部で山脈のようにツンと立ち上がっている。警戒している猛獣の背中毛のようだ。とても若いガールフレンドがいるらしい。

いろんなアラームの音がして、次々とガイドが折り畳みベッドから起きてくる。めいめいで朝食を作って食べ、ほぼ必ず歯を磨く。

七時半、ラフトツアーの事務所に集合。ブリーフィングの後、ツアーの準備が始まる。ラフトボートにエアーを満たし、一艇につき三～四人でトラックの荷台に積み上げていく。三艇目からは、腕を天に伸ばしても届かない高さになる。ガイドたちは「あーたーま」と合図して頭の上にラフトを挙げ、斜め上方向に投げて積む。パドルで突いて押し上げながら五艇目

パドルを使って、トラックにラフトボートを５艇まで積み上げる。

まで積むと、行けるところまで川の方へトラックで降りる。そこからは人海戦術でラフトを運び、少し急なガレ場を下って川へ。頭の毛穴が全開になって、汗が流れ落ちる。ツアー用の昼食の調理や、復路用バスの回送なども進行している。

ツアー客がやってくる。受付、駐車場への案内、川用ウエアの配布などをガイドたちは分担する。ときどきトランシーバーが、指示を求める声を受信している。

ガイドたちは隙を見てバックルームで仕事着に着替える。真夏の晴天なのでシンプルだ。ラッシュガードに袖を通し、ショーツを穿く。どちらも保水性がなくて、濡れても体が冷えにくい。足元は水はけのよいウォーターシューズ。そしてフローティングベストを着る。浮力はだいたい八キロ前後で、これは人の頭の重さと同じぐらい。つまり首から上が水上に出るということだ。フローティングベストには、レスキューのときに必要なナイフやカラビナ、笛が装着されていて、何やら特殊部隊の様相を呈している。腰に巻いたベルトには、約十六メートルのロープを収めたスローバックを装着。川に落ちた客にこのロープを投げて救助する。頭には強化プラスチック製の派手なヘルメットをかぶり、岩の激突に備える。

着替えの済んだお客を集めて、レレがいつもの少し高くてのんびりした声――「僕ね、舌が短くて、はっきり喋れないんですよ」――で、ツアーのことや注意事項を話している。

「ラフティングは大自然を相手にするスポーツです。だから遊園地のアトラクションとは違って、危険なこともあります。でもね、ガイドの話をよく聞いて、注意していれば大丈夫ですか

ら ね――」

その間に身支度を整えたガイドたちがバックルームから出てきて、股関節や肩のストレッチを始める。思索に入る、軽口を叩く、短く確認し合うなど、それぞれのやり方で気分を一〇〇パーセントに持っていこうとしている。

各ボートの担当ガイドが紹介される。パドルをお客に渡す、フローティングベストのフィッティングを確認する、そして川へと降りていく。ガイドがヘルメットで川の水をすくい、客にかける。悲鳴交じりの歓声。ツアーが始まる。

ラフティングツアー前、念入りにストレッチをするマサ。サーファーでもあり、今は四万十川河口の辺りで暮らし、いい波を待っている。

ゴールに到着するのは夕方だ。お客を事務所へと連れて帰り、着替えさせたらツアーは終了。しかしリバーガイドの仕事はまだ続く。ラフトボートを川から引き上げ、トラックに積んで帰ってくる。昼食時に設置していた簡易トイレを回収する。客が着ていたウエアの洗濯。スローロープなどツアーで使った装備の点検、清掃。更衣室やシャワールーム、トイレの清掃。昼食に使った皿やコップを洗って乾かし、残飯を処理する。

そして、たいてい夕方遅くにその日の反省会が開かれる。疲れているだろうにいろんな意見が出て、話し合いは結構長い。

「今日のSK（サポートカヤック）二人は仕事してなかったぞ。先に行ってしまって」

「フローティングベストのバックルをはめるときに指を挟まれて、皮がベロンとむけたお客さんがいた。注意してないと」

「お客さんが眼鏡をなくしてね。眼鏡バンドしてなかったんだよ」

「眼鏡の人に俺は必ず注意しておくよ。ツアーでなくしたり、壊したりすると、帰りの車の運転とか大変になるから」

「うちのトイレを他のツアー会社の客が使おうとして断ったんだけど、ばっさり断ってよかっ

リバーガイドの標準装備。救助ロープを収納したスローバックを腰に巻き、ナイフやカラビナ、短いロープなどをフローティングベストに収納。頑丈なヘルメットを被り、岩の激突に備える。

たのかな」

「ばっさり切ると悪者になるからな、それは避けたいんだけど――」

そしてその日の仕事が終わる。一日ツアーのガイドをする場合、だいたい十一時間近い労働になる。その報酬は、ラフトツアー会社や、ガイドとしてのキャリアによって幅がある。おおむね安すぎることはないが、人並みとも言いがたい。

肉体的にも重労働で厳しい。性能のいいウエアのおかげで、四月から十一月くらいまで（天気がよければ十二月も）この峡谷ではラフティングを楽しめるのだが、現実には六月末から九月中旬の間に客は集中する。そのため、この約三ヶ月間、特に大型連休とその前後には連日休みなく彼らは激流を下る。若くて元気でなければ体がもたない。秋になって、キャリア五年以上のリバーガイドの一人は、「体が痛くて眠れない」と漏らしていた。骨格がゆがんだのかもしれない。

ラフティングツアーが終わり、みんなでラフトボートを運ぶ。

ラフトやカヤックのガイド業だけでこの峡谷で暮らしていくことを、たいていのガイドは夢見ている。しかし現実は厳しい。他の本業を見つけて週末だけのリバーガイドになったり、諦めたりする人は少なくない。

もちろんラフティングツアーの客が今よりずっと増え、なんでもない平日に、そして真夏以外にも賑わうようになれば未来は変わってくる。しかし、それにはラフティング会社の努力だけでは足りない。例えば休日の分散化、高速道路や本四架橋の通行料値下げなど、レジャーへ出かけやすい社会に変わっていかないと無理だろう。見通しは、悲観することはないが、明るいわけでもない。

そして、ラフティングツアーという事業自体にも、観光業として不利なことがある。それはラフティングツアーが大自然を相手にする「冒険」だということ。冒険である以上そこには危険がある。同じ絶叫系のレジャーでも、テーマパークの乗り物とはその点が決定的に違う。

もちろんリバーガイドたちは、安全なラフティングのために大いに努力している。「初心者でも大丈夫、これは手軽なレジャーですよ」という宣伝に偽りのないように、激流下りの経験を積み、技術を磨いている。

しかしそれでは一〇〇パーセントの安全にはならない。この峡谷のラフティングツアーで事故を避けるためには、要所では少しばかり客も「がんばる」ことが必要なのである。

例えば、パドルの持ち方一つにしても、「パドルの柄のグリップを必ず握っておく」という約束事がある。パドルの柄が誰かの顔を打撲するのを防ぐためだが、一・五メートルの落差を落ちるときも、大波に呑み込まれても、それを守らないといけない。

他にも、落水したときの流され方、救助ロープの持ち方、川に落ちた人のラフトへの引き上げ方など、いろんな指示がリバーガイドから客に伝えられる。非日常的な冒険の場面でそれを守り、実行するのは難しいかもしれない。でも、激流を無事に乗り切るには、気持ちを集中してがんばるしかない。

もちろんその見返りはある。ラフティングツアーの参加者は、テーマパークの絶叫アトラクションにはない達成感を——つまり「やったぜ！」の感覚を——手に入れるのだ。

しかし、そんなことはどうでもよくて、屋形船や川下り遊船のようなつもりで参加する客もいる。「はい、乗りました。あとはよろしく」ってところだ。こうなるとリバーガイドやラフト会社に圧しかかるものは大きい。

そして、命に関わる事故が起こったとする。ラフト会社やリバーガイドたちは多額の保障を要求されるだろうし、裁判になるかもしれない。日ごろからラフティングを面白く思っていない一部の地元民からは、バッシングの声が挙がるだろう。その結果、経営は行き詰まり、リバーガイドの何人かは気持ちを挫かれ、峡谷から去ることになるかもしれない。

激流相手の華やかな仕事。しかしその内側は、どのラフト会社も、リバーガイドも、慎重な綱渡りを日々繰り返しているのだと思う。自然の傍らで暮らすという願いは満たされるかもしれないが、事業としての旨味は薄いのではないか。

しかし、それでも、この峡谷はもちろん日本中の川で、リバーガイドという職業が根をおろすことを私は願う。

曲がり戸の瀬。激しく、しかも安全に下ることでお客は満足を得る。リバーガイドには高い技術と経験が不可欠だ。

いつだったかアキラと大歩危を下った。夏だった。太陽が眩しかった。早い流れに乗り、聳える岩壁を見上げながら、玉砂利の川底の上を飛ぶように進んでいた。

「いい日だなあ。むちゃくちゃ綺麗な風景だなあ。こういう角度で見ると、キラキラして最高だなあ」

アキラはこの峡谷に感嘆していた。こちらが気恥ずかしくなるぐらい純粋に。何シーズンもここを下ってきた男からそんな言葉を聞くのは、ちょっとした驚きだった。

また、この川の支流で十年以上も続く護岸・砂防工事について、アキラはこんなことを言った。

「土砂崩れや土石流は、この峡谷地帯だったらどこでも起きるよ。防災のためめって理屈が通るなら、いつまでも工事ができちゃうよ。だめだよそんなの」

この年の秋、米国ではマリナーズのイチローが前人未到の記録（ルーキーイヤーから四年連続の二百本安打）を打ち立てたが、峡谷では正能岩が消えた。曲がり戸の瀬にあったテーブル状の岩で、大きさは二畳ほどだった。

ラフトボートが張り付いてしまい、正能岩に取り残されたガイドと客。この年、未曾有の大増水によってこの岩は打ち砕かれ、消滅した。

ここによくラフトが張り付き、それを引き剝がすのにガイドたちは苦労してきた。だが、地元の老人も驚く大増水がこれを打ち砕き、ギザギザに割れた岩の根元だけが残ったのである。

これでもうラップしない。正能岩に苦しめられてきた――ここでラップするとペナルティーとして三リットルのビールを一本買わされた――ガイドたちは、喜ぶと同時にもう一つの気分を感じていた。

ダイスケは言った。

「正能岩でのドラマはもうないんだなあ。なんか寂しくないか?」

アキラ、ダイスケ、そして川の人たちは、川の美しさも、激しさも、怖さも、全部ひっくるめて好きだ。川はあるがままの姿でいてほしい、そう願っている。

一方、川を人工的に作り変えるのが大好きな人たちもいる。流れを堰き止める、蛇行を真っ直ぐにする、コンクリートで固める――。近頃は、人工的な工事では風当たりが強いので、自然な感じに戻す工事にも手を出している。そしてその結果、工事のおかげで儲かる、天下りもできる、選挙費用もなんとかなりそうだ、威張れる――。

現代の錬金術師。川の流れを、胡散臭いマネーの流れに変えてくれる。

彼らはかなりの多数派だ。何十年間も、ずっと。だから、たとえ美しいものを壊しても、無駄な工事でも、税金や郵便貯金を食いつぶしても、ほとんどの公共工事は続けられてきた。

おかげで、「日本最後の清流」なんて言葉が広く使われるようになってしまった。清流なんて昔はどこにでもあって、注目などされなかった。それが今や珍品の扱いである。

リバーガイドたちには、日本の川を廻るそんな状況を揺さぶり、変える力がある。

彼らは政治的な活動をしていないし、声高に叫ぶことも苦手だ。川とともに生きている、ただそれだけである。しかし、たくさんの人を川に案内し、楽しい時間と思い出を提供している。その結果、お客の何割かは川の味方になっていく。

子どもたちの夏休みが始まった。すると間もなく、地元の中学三年の男子が一人、山内さんのラフトツアー会社に職場体験学習に来た。シャイで細身で、少年らしい少年である。彼と話をしていると、口を閉じたままの患者を検診する歯医者のような気分になった。

正午になり、彼は一人離れた机に座って弁当を開けようとした。私は、「こっちへ来いよ」と誘った。

「この会社を選ぶって、きみは珍しいヤツじゃないの。変わり者?」

「そんなんじゃあ……。ここの川を下っているのをずっと見ていて、興味があって……。カヤックとかカッコイイですよね」

午後には彼の両親が来て、半日のラフトツアーに親子で参加した。

川から上がってきた父親はこう言っていた。

「いやあ、この川のそばで暮らして来ましたけど、初めてですよ、こんな体験は。面白いことがこんなに身近にあるなんてねえ」

職場体験学習が終わったら、彼は受験のため塾通いになるという。そして進学して、この地を離れていくのだろう。

でも峡谷での急流下りが、いつか彼を呼び戻すかもしれない。

「梅雨明け十日」と言われるように、梅雨が明けてしばらくは安定した天気が続く。しかしこの年の夏は異変だった。短時間だがすさまじい集中豪雨が峡谷を襲った。巨大な台風もやってきた。峡谷沿いの国道は数箇所が崩れ落ちたり、落石で埋まった。もちろん川は大増水した。そのたびにラフティングツアーは中止になり、一年で一番の稼ぎ時をリバーガイドたちは逃すことになった。

しかし、だからといって、この天候不順を呪っていたかというと、そうでもない。増水した川は、リバーガイドたち——特にカヤックを漕ぐ連中——にとって、大好物なのだ。

第六章　彼らの激流

七月三十一日、断続的な豪雨。峡谷の終わり付近に設置された計測装置が、流量の上昇を記録し始める。それから二十七時間後、流量はいつもの百倍を越えてピークとなり、そこから緩やかに減少へと転じた。

そして数日間、アキラとサトシは峡谷を満たす濁流を眺め、タイミングを計った。

水面が下がっていくのと入れ替わりに、暑さと湿気が濃くなっていった。

八月五日、二人は小歩危峡の入り口にいた。

「指の怪我はもういいのか？」私はサトシに訊いた。一週間ほど前、彼は沢登り中に落下、右手小指第三関節の外側をザックリ切っていた。

「何針か縫いましたよ。もう、自分で抜糸しちゃいましたけどね」

私は「傷が完全に癒えていないのに、今日の冒険は大丈夫なのか」という意味で訊いたのだが——。怪我と冒険に対するこの意識のギャップ。

二人は、ヘルメット、フローティングベスト、水を被っても体が冷えないウエア、スプレースカートを身につけている。傍らには二艇のカヤックが築地のマグロのように横たわり、そのコックピットにはパドルが斜めに差し込まれている。川に出る前の、いつもの風景。

しかし軽口はない。心を集中している二人の周りでは、頭上からの熱波も、蒸せる空気も、硬くなっている。

川は、かすかに緑がかった灰色の濁流。パドルにまとわりついて漕ぎが重くなりそうなくらい泥の微粒子が溶け込んでいる。流量は約五百トン。百五十トン以上になるとラフトツアーは中止になる。一般の人には危険だからだ。

もちろん誰に対しても川は荒々しい。けれどもアキラとサトシはこの流量になるのを待っていたわけだし、一時間かけてこの約九キロのコースを陸から下見している。そして二人は、少なくとも激流での自分の能力については分かっている。

アキラかサトシなのか、鼻から「フーン」と息の抜ける音が聞こえてきた。

「行こうか」散歩に出かけるような調子でアキラが言う。「あっ! ワックス、ワックスしとかないと」

サトシが固形のワックスをアキラに投げる。「暑くてすぐ溶けるから、水で濡らしながら使ってください」

アキラがカヤックのコーミング（楕円形のコックピットの外周に付いたツバ）にワックスを

擦り付ける。ここに取り付けるスプレースカートが外れにくくなるよう、滑り止めのためだ。カヤッカーが腰に穿き、コックピットを覆うようにカヤックに装着するスプレースカートは、きついゴムで固定されるので滅多なことでは外れない。だがもし外れたら、カヤックのなかへ雪崩のように水が押し寄せる。もちろんカヤックは沈む。いつもより数倍激しい流れと波では、そんな「もし」はありうるし、致命的にもなる。

コーミングの引っかかりに満足したアキラは、パドルのシャフトにもワックスを塗った。お茶はどうだと、アキラにペットボトルを差し出す。口を湿らす程度で返してきた。

「それだけでいいのか?」

立っているだけで汗が流れ、シャツが体に張り付く暑さだ。

「嫌というほど飲まされることになるから」

アキラは薄く笑う。

「それじゃあ、何かあったらよろしくお願いします」

そして二人は川に浮かび、押し流されていった。

一方、私たちは走って坂道を登り、三十メートル上の国道で車に乗る。次の瀬へ。彼らを撮影する写真担当とビデオ担当が一人ずつで、それが陸上班のすべてだ。瀬のすぐそばで撮影することもあるが、たいていは数十~百メートル以上離れている。アキラとサトシにとって頼りになるのは自分と相棒だけだ。

「森囲いの瀬」は、私が立っている国道から約三百メートル向こうで、二十メートルくらい低い位置にある。歩道の安全柵に寄りかかって双眼鏡を目にあてると、時を違えず二人のカヤックが瀬の入り口、一息つけるプールに滑り込んだ。そこから川は、流れの左端で岩壁を叩きながら、こちらに向かって崩れるように落ちている。岩壁は屏風のように長く、高い。それが落とす影のため、晴天でも暗い荒瀬だ。影を出た流れは孤を描きながら、アキラたちから見れば右に、私から見れば左に曲がっている。

距離を隔てているせいか、普段とあまり変わらないように見える。川幅が広がったぐらいだろうか。

水量が多く、波が高くなった瀬。波の谷間では見通しがとても悪い。波を越えると、いきなりやっかいな障害が現れることも。

アキラがスタートした。

比較するものがやってきて瀬の大きさが分かる。

アキラとカヤックは、象の群れに放り込まれたように、白い濁流に見え隠れする。いつもの二倍くらいに成長したホールと、水没した岩が生み出す新たなホールが、煮えたぎる白い壁となってカヤックを捕まえようとする。

あれだけ波が高ければ、カヤックからの見通しはとても悪い。

「だから、波を越えたらいきなり目の前にホールが、なんてこともある」とアキラは言っていた。

ホール（穴）というだけあって、そこには物を水中に吸い込む流れがある。巨大でやっかいなホールに入ると、巻き込むように逆流する波がカヤックを受け止め、押し戻す。そして、激しく砕ける波の谷から出られなくなる。転覆してもやはり出られない。カヤックから脱出すれば、人は川底へと引きずり込まれる。

サトシがアキラの後に続く。大きな落差に飛び込んだ彼は、白く巨大な返し波の向こうに消えた。そして、水泡と水圧のジャブのなかを一漕ぎして波を突き破る。潜水艦が浮上するように、オレンジ色のカヤックが水面に飛び出した。

すぐに次の瀬がやってくる。いつもなら瀬と瀬の間にあるはずの瀞場は、波立つ流れの下に沈んでいた。激流につぐ激流が、カヤックを追い立てるように下流へ運んでいく。だから転覆してエスキモーロールに失敗し、カヤックから脱出して泳ぐはめになると少々マズイ。カヤックを引っ張って岸にたどり着く前に次の瀬に入ってしまう。そして四、五分のうちに一キロ以上流される。

大波と格闘しながら、カヤックはひたすら下っていく。二段の瀬。

その水流は複雑で、フローティングベストを着ていても

波に呑み込まれ、わけが分からなくなる。

沈むことがある。流速は時速二十〜三十キロあり、水中の岩に激突すれば打撲以上の怪我をするかもしれない。それに流れの圧力は強く、水中の岩に張り付けられると動けなくなる。山から根こそぎ倒れた木や、河原に不法投棄された車などいろんなものが流されているから、川のなかに何があるか分かったものではない。

しかしそんな大増水の川でも、瀬の入り口や途中に滑らかな大波があれば、二人はカヤックでサーフインして遊ぶ。陸からだと、波頭より上流側の水の斜面（フェース）にカヤックが留まっているように見える。だがカヤッカーが感じるのは、時速二十キロ前後で水を切りながらの疾走である。海でのサーフィンと違ってエンドレスだ。

快感、には違いない。だが、大波の下流では水が暴れ、崩れ落ちている。もしバランスを崩して水中に没すれば、何が待っているのか。

もちろん二人はそれを承知で波に乗る。カメラの望遠レンズ越しに見るアキラの表情には、悪魔的な何かが浮かんでいた。

「鮎戸の瀬」は、この川屈指の荒瀬だ。あまりに落差が大きくて、遡上する鮎がここで足踏みするという。アキラとサトシはその手前で左岸に上陸し、スカウティング（下見）した。

通常の水位では、岩盤に挟まれたS字状の瀬だ。右岸から、岩盤が岬のように突き出ている。しかし今日は岩盤が水没し、真っ直ぐな流れになっていた。そして、岬が沈んでいると思われる辺りでは、火口から溢れるマグマのように、水が沸き上がっていた。マグマの面積はバスケットコートぐらいあるだろうか。噴火し溢れる水流と､下流への流れが激しくぶつかり合う。その境界は、白い返し波のラインダンスになっている。

「はじめまして」の激流。

左岸にある垂直な岩壁の上に立ち、七メートル下の荒瀬を見た。

「あの返し波の高さはどれだけあるの？」瀬の轟音に消されないように私は声を張る。

「軽く頭の上、まったく壁です」

「あそこに入るとやばいな」

「でも流れがぶつかっているから、あんな返し波ができるんだよね。ということは、そこに流されてしまう」

「でも、避けないことにはね」

波と泡で白い地獄になった川面を眺めながら、ホワイトウォーターカヤック（激流下りカヤック）というのは奇妙なスポーツだなと思った。わざわざ火のなかに飛び込んでいくようなものだ。そして一度飛び込んだら、止めることも逃げることもできない。ひたすら下流へ行くしかない。

アキラとサトシは瀬へのアプローチを始める。

入り方が肝心だった。

荒れる流れにパドルを刺す。渦や波を攫み、それを利用してカヤックの進路をコントロールする。とても楽に漕いでいるように見える。リズムがある。無駄に水を蹴散らしたりはしない。示し合わせたように、二艇のカヤックは荒瀬に同じラインを刻む。

鮎戸の瀬。

まず赤が、そして数秒後にオレンジ色のカヤックが、爆発するように盛り上がる白い壁の裾をすり抜けていく。

崩れる返し波から飛散するミストが風になっていた。その涼を右の頬に感じながら、彼らは波に蹴られる。

瀬の音が、背中の向こうに遠ざかった。

あとは、ゴールで祝福されるだけだった。

キレた――アキラやサトシは否定するかもしれないが――カヤック漕ぎ（カヤッカー）にとって、大増水したときのもう一つの遊び場は支流の沢だ。アマゴや渓流釣り師が縄張りにしている深山の渓流であり、普段は細い流れしかない。飛び石をつなぐか浅瀬を歩けば容易に対岸へ渡れる、そんな川だ。しかし、台風や集中豪雨でそこが洪水状態になると釣り師はしばらく寄り付かず、カヤッカーだけの世界になる。

増水した沢、カヤック用語で「クリーク」は傾斜がきつく、小さな滝の連続だといっていい。次々と、そしていきなり現れる岩や波などに反応しながら、カヤッカーはひたすら下っていく。途中でリタイヤしたくても、渓流の両岸は森や岩盤で、道路からはたいてい離れている。行く手に落差十メートルの滝が現れても、迷いなく選択したなら彼らは流れに乗って宙を舞う。

そんな川下りには、酒の肴になるようなアクシデントがつきものだ。

「転覆して逆さになったまま、浅くて岩だらけの落ち込みを下った」

「沈脱して、水中で縦にぐるぐる巻かれて、もうちょっとで窒息するところだった」

そんな話が、クリークのカヤッカーからは聞こえてくる。

川は急だし大岩はあるしで、クリークには猛烈なホールが出現することもある。サトシは一度それに入った。流れを横切る形になってしまったカヤックに、下流へ落ちていく厚い水流が右から圧しかかり、左からは逆流する大きな崩れ波が押し寄せる。彼は暴れる川面にガッチリと捕まった。そして、しばらく暴力的に揺さぶられた末に転覆。カヤックから沈脱（脱出）した彼を、ホールの強い水流が川底へと吸い込んでいく。

水面に浮かび上がったのは、少なくとも五メートル以上下流だった。スプレースカート――腹巻のように穿くのだが、かなりきついネオプレーン素材でできている――が脱げていた。

「でも、腹より下の腰で穿いていたショーツは脱げてなかったんですよ。分からないですよね、川って」

今のところ、この峡谷でのクリーキング（カヤックでクリークを下ること）で死人は出ていない。ここを漕ぐのはほぼローカルズオンリーだからかもしれない。別に他所者を追い返しているわけではないが、沢の増水に合わせて仕事を休め、普段からその沢をよく見ていて、カヤックの腕がいいという条件が揃うのは、ここに暮らすリバーガイドぐらいだろう。

ある沢でのクリーキングの写真をアキラが見せてくれた。高さ七メートル以上ありそうな垂直の堰堤を彼がカヤックで飛び降りていた。幅広い滝のカーテンの前を、オレンジ色のカヤックが、滝壺に刺さるように落下している。

「いいね、来年のカヤックカタログに載せてもらおうよ」

「いや、だめでしょう」

アキラは冷静だった。

「『この写真を見て真似をして、事故を起こす奴がいるかもしれないから』という理由で掲載されませんよ」

カヌーやカヤックで急流を下るというのは、基本的に「自分でなんとかする」ということだ。漕ぐのはもちろん自分。どのルートをどう下るのかを決めるのも自分だ。同行者が先行しても、彼のコースは参考程度にしておくほうがいい。彼と同じコースを彼と同じように下れる保証はないのだから。危機に対しても自分でなんとかするつもりのほうがいい。彼らが常にレスキュ

滝を落ちるアキラ。水流に呑み込まれ、パドルしか見えない。4年後の現在、この滝は護岸工事によって砂防ダムとなり、消滅した。リバーガイドたちは怒り、悲しんだ。

ーの態勢に入れる保証はないからだ。

急流を下るカヤッカーの間では、〈人がやるから自分も〉というのは通用しにくい。判断を人任せにするのも誉められたことではない。とはいえ、それが共通認識になっているわけでもない。

ある夏、ラフティングシーズン真っ盛りの週末。若い二人のカヤッカー（男）が、あるラフトツアー会社の事務所にやってきた。

「ちょっと訊きたいんですけど」

川の情報を聞きに来るカヤッカーは珍しくない。事務仕事をしていたリバーガイドが、顔を上げて、「何でしょう」と席を立った。

「これから大歩危を下ろうと思うんですけど、瀬はどんな感じでしょう」

「どんな、ですか……。大歩危を下るのは初めて？」

「はい」

「瀬の場所は知ってますか？」

「ええ、だいたい。ガイド本を読みました」

「今日は水量が多いですからね、水中の岩にはぶつかりにくいけど、パワーがあるのでしっかり漕いで。それから、初めてなら、下る前にスカウティングしたほうがいいですね」

それで話は終わりかと思ったら、二人はまだ何か訊きたそうにしていた。

「それで……、ここは危ないんですかね」

「――」

「僕らに下れそうですかね」

表情には出さないものの、もちろんガイドは困っていた。危なさの基準は人それぞれ。ましてや、下れるかどうかなんて本人以外分かるはずもない。

「四万十川は下ったことがあります」と二人は言った。だが四万十川には穏やかな流れもあれば急流もある。どれだけの水量でどの区間を下ったのか、それを知らないことには何とも言いようがない。ガイドの仕事に立ち入るから遠慮していたのだが、私も話に加わることにした。

「四万十川のどの辺りですか？」

「結構な瀬がありましたよ」

「じゃあ轟崎の瀬は下ったのかな、二双の瀬は？」

「そんな名前だったかな、ちょっと……」

「自信がないのなら」ガイドが言った。「大歩危よりも上流を下るといいですよ。難易度は高くないし、でも楽しいコースですよ」

「でも、せっかく来たしなあ」

「今日は水量が多くて」私は言った。「たぶんお二人が四万十川で経験した一番すごい瀬が、今日の大歩危の一番楽な瀬ぐらいですよ」

「そうなんですか。危ないかなあ。下れないかなあ。どうですかねえ」

　話が堂々巡りになってきた。

「二人が下れるかどうか、僕らには判断しようがないですし」とガイドが言う。「それに僕らは、あなた方に『今日は止めときなさい』なんてもともと言うつもりはないし。自分の責任で川を下るわけですから」

「俺だったら、迷うくらいならやめておくけど」私は独り言気味に言う。

「とにかく行ってみます。危なそうだったら、瀬をポーテージ（カヤックを担いで陸路を迂回）すればいいんだし」

　この峡谷では川岸の陸路も険しい。ポーテージといえども楽ではない。

「上流のスタート地点に行くまでに、途中で瀬が見えますから。よく偵察しておくといいですよ」というガイドのアドバイスを聞いて、ようやく二人は出て行った。

「根気いいなあ」私はガイドに言った。

「それはもう。いろんな人がいますし」

　私は、カナダの辺境で出会った騎馬警察官のことを思い出していた。

　極北カナダを流れるユーコン川を旅したことがある。キャンプ道具や食料を積んだ全長約六メートルの、カヤックとしては最大級の船を漕いで、約二ヶ月間川の漂流者となった。単独行だった。数百キロごとに集落——千人規模が一つで、あとは数十～百人単位の——があるけれど、その間を埋めているのはオオカミやクマが暮らす原野だ。

　ユーコン川に漕ぎ出す前、出発地のホワイトホースという町で、カナダ騎馬警察所に川下りの届け出をした。こうしておけば、もし遭難すると警察が捜索してくれる。若い女性の騎馬警官が届け出用紙を受け取って言った。

「あなたがいつも着る服の色を教えてください」

　私はそれに答え、そして「なぜ？」と訊いた。

「あなたが川で死んで、岸に打ち上げられたりすると、たいていオオカミとかが死体を食べちゃうの。遺体確認のためです。じゃ、これでいいです。今は雪融けで川の水位がとても高いから、ファイブフィンガーラピッズ（ユーコン川一の荒瀬）は気をつけてね」

「一つ訊いていいかな」

「どうぞ」

「危ないから止めろ、とは言わないのかな」

　彼女はわずかに眉間に皺をよせた。

「原野には危険がある、そうよね。でも、自分の責任で行くのだから、私たちがどうこう言う問題ではない、これで答えになる？」

　さて、さきほどのリバーガイドは、カナダ騎馬警官と同じような応対をしたわけだ。しかし、もしあのカヤッカー二人が事故に遭ったら、警察や消防団は「なぜ止めなかったのだ」とリバーガイドを責めるかもしれない。

大人のやり方を心得た人間が現れても、そんな個人に日本社会は追いつけるだろうか。


ケアンズのヨーシンからメールが来た。


――オーストラリアに来て今日で百六十四日になりました。早いもんですねぇ。特に今年は月日の流れを早く感じます。

こちらは相変わらずのんびりです。ビールはいくらあっても足らないのでバーボンにきりかえました。ちびちび舐めるように飲んでいるので、長持ちしてくれそうです――。

ヨーシンは週に二日ぐらいの割合でラフティングガイドをしていて、オーストラリアの川でもうまくやっているらしい。つたない英会話だというが、大したものだ。

彼の別のメールにはこんなことが書いてあった。

――十月にこっちで式を挙げることになりました。たぶんビーチかそこらの公園で、神父さんだけを呼んで。初めはこぢんまりとやる予定が、両方の親兄弟も集まりそうです。

そしてなんと、また子どもを授かりました！

しかし、僕の進路は、いまだ風の向きも定まっていません――。

第七章　台風来襲

日が暮れて間もなく、台風十六号が峡谷にやってきた。

十九時四四分、ウシオから電話が入る。

「停電で、何も情報が入らないんです。ものすごい風です」

雪山や砂漠でいろんな強風を体験してきただろうに、彼の声からは怯えが感じられた。

「どうしたらいいんですかね、避難したほうがいいんですかね」

「オーケー、すぐ調べてまた電話する」

テレビからの台風情報はあまり役に立たなかった。日本全国を広く浅く報道するのだからしようがない。ところどころでローカルニュースも流れるが、こちらが欲しいときに放送しているとは限らないし、欲しい情報を流すとも限らない。それはラジオ放送も同じだった。道路の通行状況、リアルタイムの天気図や衛星雲画像など、こちらが判断を下すのに必要な情報はインターネットが頼りだった。

ウシオの携帯を呼び出し、この状況がどれくらい続きそうかを伝える。

「そっちに避難できませんかね」ウシオが言う。

「国道は通行止めだ。いま峡谷を移動するのは危ないよ、家で我慢するのが一番いい」

見晴らしよく外に開いた地形のため、山から吹き降ろす風と、谷から吹き上がる風が容赦なく彼の家を揺さぶっていた。地元の老人でさえ「こんな強い台風は初めてだ」と言っているらしい。

「どこからか飛んできたトタン板が、同居人の車にぶつかりました」とウシオ。「僕の車は、下の国道にあるドライブインに置いてきました。木が倒れていて家までの道が通行できないんで、百メートルぐらい歩いて登ってきました。まさか国道まで水は来ませんよね」

「インターネットで川の流量をモニタして、やばそうだったら連絡しようか?」

すでに夏の通常流量の百倍以上になっていた。

「いや、それは携帯で調べられます」

心配になったので、他の川の人たちにも電話する。

テルは留守電だった。

ナホの家の辺りはそうでもないらしい。峡谷の東岸、南西に面した山腹にある。ウシオの家は峡谷の西岸で南に開けている。

「風が強いなあ、と思ったら、玄関の引き戸が一枚飛んで、庭に落ちてました。別に大丈夫ですよ。でもアキヨさんは避難したみたい。大歩危駅近くまで水位が上がっているらしいです」。アキヨの家は大歩危駅の隣である。

トオルから電話だ。

「岩原の人間（トオルとダイスケ）はガイドハウスに避難してます」

岩原というのは、深い渓谷の両岸に家が並ぶ集落で、土石流の危険がある。

「電気はだめですね。風がすごくて、木とか倒れまくってますよ」

そうやって電話でやり取りしている間が、峡谷では一番ひどい状況だったらしい。夜半に向けてしだいに暴風雨は収まっていった。

ところが、私の暮らす瀬戸内沿岸の町が危なくなってきた。台風は通り過ぎたものの、高潮が町に押し寄せてきたのだ。海に近い地区は約九十戸が床上浸水になり、なおも水位は上昇中らしい。河口近くの川べりにある義父の家も浸水し始めたと連絡が入る。川へ降りるために堤防に設置された鉄扉が開いたままで、そこから怒濤のごとく濁流が町に流入している、扉を閉めたくても川側に一八〇度開いており、高潮に押されて動かないという。私は濡れてもいい服に着替え、フローティングベストやヘルメットなど激流下りに使うギアを着用して、自転車で現場に急いだ。

その二日後にテルから電話があった。

「携帯のバッテリーが残り少なくて、連絡が遅れました。昨日遅くにようやく電気が復旧しましたよ。そっちは大丈夫でした？」

町を救ったよ、と私は言った。

「それはすごいな。こっちは大丈夫です、玄関のガラスが割れたぐらいで。うちのラフト会社も被害はなかった」

でも、とテルは続けた。

「フォレスト（ラフトツアー会社）は、ラフトボートが五艇吹き飛ばされて、そのうちの三艇はまだ回収できてないらしい」

「そんなこともあるんだな。平べったいし、重さもあるから地面に置いとけば飛ばされそうにないけど」

「気の毒ですよね」

新品だとラフトボートは八人乗りで定価四十万円以上する。零細カンパニーには辛い額。せめて公の機関が発表する台風被害額に入れてほしいものだ。でも誰も「お宅の被害は」と聞きには来ない。

この年に峡谷を通過した台風は八つ。暴風か豪雨か、またはその両方を引きつれていた。間の悪いことに、それらはたいていラフティングツアーの稼ぎ時に襲来して、何度となくツアーを中止に追い込んだ。台風が過ぎ去った後も数日間は川の流量が多すぎるため、予約客に断りの電話を入れていた。

川の濁りが二ヶ月間消えなかったのも痛い。ラフトツアー客がこの峡谷にマイナスのイメージを持ったかもしれない。ダムのない支流では、増水後二日か三日で清流に戻った。しかし本流には、総貯水量三億トンのダムに貯まった泥水がずっと放水され続けた。

ラフトツアー会社には厳しいシーズンになってしまった。そして、リバーガイドのうち、「一回ガイドしていくら」という契約の人間には商売にならないシーズンとなった。もともと稼ぎが多いわけではなく、蓄えも少ない彼らにとって、月に数万円の減収というのは大きい。土地と資産を持つ人が千万円の農業被害に遭うよりもずっと深刻だ。

大きな被害を与えた台風十六号のわずか一週間後、台風十八号が峡谷に来た。すでに路面陥没と土砂崩れが一ヶ所ずつある峡谷沿いの国道はまた通行止めになり、その一帯は停電になった。

それから十日待ってテルの家へ行く。「無事で何より、飲もうぜ」といったところだ。

彼の自宅の半分を利用した宿は、この夏、ラフトツアーの客によく利用されたらしい。風呂が使えないなど本格的に開業していないわりには、まずまずの出だしだという。「安い宿代だけど、家賃分はすぐ稼げますよ」とテルは自信ありげだ。宿泊客が残していくビールや食材などもありがたいという。

縁側から居間を覗くと、ガイド姿でよく見かける若い女性がいた。一七〇センチ以上ある背丈と、クリクリした目と瞳の色は白人女性のようであり、しかし雰囲気は日本人。ＤＶＤで映画『燃えよドラゴン』を見ている。私が入っていくと、「アラ！」と言った。

「彼女を知ってたっけ？」とテルが言う。

「知ってるけど、名前、知らないんだよね」

「川ではしょっちゅう会ってるし、話してるんだけどね」彼女が笑顔で言う。「ここじゃそういうの多いよね。ケイです、よろしく」

こちらも自己紹介と、お誘い。

「今日はタコ焼きパーティーをしに来たんだ。準備は万端、このクーラーにビールもぎっしり詰まってる。どう？」

「タコ焼きパーティーって何ですか？」

「何って、タコ焼きを自分で焼きながら飲むんだよ。ほら、このホットプレートで。一度に三十一個焼けるよ」

「自分で焼くんだ。初めてだ」

「どこの出身なの」

「北海道、札幌です」

「あっちじゃこういうのやらないんだ」

「タコ焼き用のホットプレートを初めて見ました。へー」

彼女は本当に感心している顔をした。

「ところで、この前の台風でそっちの会社は被害なかった？」

「なんとか。あの日、フォレストのボートが飛ばされたでしょう、その最期を見ましたよ」

ケイさんの所属するラフトツアー会社は、峡谷の下流のダム湖畔にある。

「あの日、ダムサイトに行ってたんです。ダムが満水だからすごい放水をしていて、それを眺めに。そしたら無人の黄色いラフトが流れてきて、ダムのゲートにスッと吸い込まれて消えました。なかなかの光景でした」

サトシとアキラもやってきた。縁台を外に出してタコ焼きプレートを置き、それをみんなが囲んだ。竹串を一本ずつ配る。

「わー、面白そう！」ケイさんはわくわくしている。みんなが器用にたこ焼きをひっくり返すのに驚いていた。でもじきに彼女もうまくなった。

私は訊いた。

「ケイさんって日本人？　初めて会ったとき、日本語で話しかけていいのか躊躇したんだよ」

「そうなんだよな」テルが話に入ってきた。「マークと英語で喋ってるのを見て、外人だと思ったんだ。俺も英語で話しかけたもん」

「父がアメリカ人なんですよ」とケイさん。

「じゃあ、育ったのはアメリカ？」

「ううん、北海道」

「そっちでもリバーガイドをしてたんだ」

「そう、九月の終わりには北海道に戻ります。ラフティングに修学旅行生がたくさん来ますからね。稼がないと」

「こっちの川はどうだった？」

「面白かったけど、あまり稼げなかったな」

「台風が多かったしね」

「そうよねえ」

もうすぐ峡谷に秋がくる。冬をどうするか、川の人たちの思案の季節が。

「テルはどうするの」

「ニュージーランドかな、また向こうでラフティングのガイドをして働いて。まだ決めてないけど」

「サトシは？」

「テルさんがニュージーに行くんだったら、一緒に行ってラフティングのガイドかなあ」

「アキラはベネズエラ？　エンゼルフォールを飛ぶの？」

「いや、どうでしょうねえ」

ケイさんが、アキラの〈マダガスカルでの樹上生活〉の話を聞いて、あきれるように驚いている。

「なんでやろうと思ったの」とケイさん。

「木から木へ、空中を横に移動していったら面白いなあと思って」

その答えに満足していない様子の彼女に、アキラは続けた。

「樹上に登って泊る人はいたけれど、横移動する人はいなかったからね」

アキラはそれを、大学時代に所属していた探検部の仲間とやった。

「探検部時代のネタ、なんかあるでしょ」と、私はアキラを促す。

「入部してすぐに、大学の裏山で一週間テント泊、というのがあった。天気図の書き方やテントでの暮らし方とか、野外生活の基礎を叩き込まれるんだ」

「そこから大学に通うの？」

「そう、毎朝テントを撤収して。短い時間に区切られた生活だった。何分以内にテントをたため、食器を洗え、できなかったら始めからもう一度、っていうふうに。財布は、その一週間の最初に先輩が取り上げて保管した。そして、逃げたら先輩が自宅まで追いかけてくる」

スゲーなあ、と私たちは笑いながら聞く。

「そしたらその親が、『どうぞ連れてってください』って差し出すんだよ。でもまあ、俺が四回生のときにそういうのはなくなったんだけどね」

「サトシは登山のサークルだったんだろ、何か思い出に残る風習はなかった？」

「ボッカ訓練してましたね、キスリングに四十キロの砂を入れて……」

「キスリングって何？」ケイさんが聞く。

「昔のバックパックで、今のやつみたいに縦長じゃなくて横に長い」

「カニみたいな感じ」

「厚い綿の布でできていて、カーキ色」

「口は紐で絞って折り曲げる」

「まだ売ってるのかな」

「肩紐にも、背中があたる部分にも、クッションになるパッドが入ってないんだ。ただの袋だよね」

「だからちゃんと荷物を詰めないと、背中に何かの角が当たって、たまんない」

「包丁の先が背中に刺さった先輩がいたよ」

「うわ～」

ケイさんは困った顔をした。拷問具の解説みたいだなと私は思った。

「で、その重いキスリングを背負って大学を出発して、路面電車に乗って――」

「なんか恥ずかしいな」

「でしょう。それから高知駅でＪＲに乗り換えて豊永駅まで来る。そこから梶ヶ森に登ってました」

梶ヶ森というのは峡谷の入り口にある山だ。山頂まで車で行けるから、リバーガイドたちはそこへ星を見に行く。豊永駅との標高差は千二百メートル。「で、頂上で砂を捨てて下山です。だから梶ヶ森のてっぺんは、僕らが運んだ砂でできているんですよ」

彼らはなんと野蛮で哀しみの青春を生き、それを可笑しがってきたのか。世間が彼らを「何世代」と括るのか知らないが、ともかくアキラやサトシやテルは「世代」からこぼれ落ちている。

字面は似ているが、彼らはいわゆる「落ちこぼれ」ではない。大学をちゃんと卒業しているし、インテリと言っていいのかもしれない。例えばアキラの部屋に行くと、数ヶ月は時間をつぶせるくらいの蔵書がある。本の内容は、熱帯雨林についての学術書や冒険記、歴史書など様々。

テルの家で。居間の外には深い山々、風の音、野鳥の声。穏やかな田舎暮らしと、冒険の日々をテルは繰り返す。こんな人生もある。

ナショナルジオグラフィック誌の初号もあった。

それに彼らは身体がよく動くし、自分で考えて行動できる。女性を退屈させないだけの話術や話題も持っている。おそらく、彼らがそう望めば、まともな会社への就職もできたのだろう。

しかし大学時代から、彼らはバブル崩壊後のこの国で、お金と時間をつぎ込んでしんどくて汗臭くて危ない、そして一般就職にはまったく有利にならないことをしてきた。周囲からは「そんな一文にもならないことをして遊んでいる場合？」などと言われる、「？」な存在だった。そして、地方と都市との格差が広がる今の時代、彼らは格差の端に位置する山里で暮らしている。わざわざそこを選び、他所から引っ越して。人口は減る、財政は逼迫する、公共サービスは低下するなど、いろんな意味で先細りが避けられないことを承知の上で。

彼らは、言うなれば、ジョージ・リー・マロリーと同じリーグにいるのだろう。

酸素が地上の三分の一しかなく、ホッキョクグマなみの孤独を味わう極地で死んだマロリーは、以来数十年間ずっと氷雪の世界に亡骸を晒してきた。まだ生きている頃、そんな悲惨な結末も重々承知でエベレストに挑戦する理由を、彼は「そこに山があるから」という哲学的な言葉にした。おそらくマロリーは気づいていたのだろう。大切なのは、夢中になれる何かを発見し、それに賭けることだと。それが自分以外の人間に意味をなさないことでも関係ない。心が歌いだす何かに出会ったら、それをしっかり捕まえて、離すべきではないということを。

マロリーもアキラもサトシもテルも、大自然に魅せられ、いささか深入りしすぎている。そ

激流に遊ぶ彼らは、川から祝福されているように見える。

彼らは冒険に取り憑かれている。そして、水流が描き出す美しい瞬間を求めている。

こまでしなくても、という世界に、少なくとも片足は突っ込んでいる。しかしそれは、誰もが望むように、より良い人生を求めてのことなのだ。

アキラ以外はテルの家で雑魚寝して、暑くも寒くもない朝を迎えた。気象予報士によると冬の訪れは遅いらしい。この秋は、あまり寒さを気にせずに長く峡谷でカヤックを漕げそうだ。台風ばかり来る変な気候だったけど、いいこともある。

「友達の結婚式に出るので、スーツを買わなくちゃいけないんですよね」

サトシがみんなにコーヒーを入れながら言った。

「金もないのに、どうせならちゃんとしたのを作ってもらいたいなあと思っちゃうんですよ」

革靴はあるの、と訊くと、それも要りますよねと言って、あれは痛いですよねと続けた。

「痛い？　靴ずれするってこと？」

「ひざまずいてヘネシーとか出すときに、ひざまずいた足の皮靴が曲がるでしょ。その曲がった皮が甲を圧迫して鬱血するんですよ。擦れて切れたりするし」

「それはどういう状況なの？」

「あれ、知らなかったですか？　何年もクラブでバイトしてたんですよ。ソファーに女をはべらすような店で。結構稼いでましたからね。月十二〜十三万は稼いでましたよ。あ〜あの金はどこへいったのやら」

自嘲気味にサトシは笑った。

「その頃はバイクを四〜五台乗り換えてましたからね。大型にも乗ってました、九百ccとか。マフラーを改造して、夜の住宅街では暖機運転できないような音を出してました」

それが今では、無音で進み、静水では歩くぐらいのスピードしか出ないカヤックが彼の主な乗り物だ。不思議な気もする。しかし、サトシにとっては同じ線上にある乗り物なのだろう。自由、旅、開放感という線の上に。


秋の吉日、の翌日、サトシが峡谷に戻ってきた。どうだった、結婚式は?

「いや、すごいもんですね。あれが普通なんだろうけど。初めてでしたから、結婚式と披露宴に出席するの」

話は、久しぶりに会った同級生のことになった。

「みんな羽振りがいいですよ。いい車に乗ってますしね」

サトシぐらいの歳(二十代後半)の公務員かサラリーマンで独身なら、ちょっとした車を買うくらいの金は持っている、またはローンを組める。

そんな友人たちに会って、焦りのようなものをサトシは感じただろうか。リバーガイドという仕事や、峡谷での暮らしなど、今の自分について考えることがあっただろうか……。

「これ、買っちゃいましたよ」

サトシは膝を持ち上げ、ジーンズの裾から茶色いレザーのスニーカーを見せた。人気ブランドで、カジュアルだが大人の雰囲気。なかなかいい。

「スーツ用の革靴を買うつもりが、こっちになっちゃいました。だって、同じ金を出すならねえ。これを履いて結婚式にも出ましたよ。結構、大丈夫でしたよ、スーツにも」

スーツとのコーディネートは疑問だが、サトシの今のスタイルとそのスニーカーはマッチしていた。上下着古したジーンズ姿で、ハーレムを撮るストリートフォトグラファーといった雰囲気だ。「僕は僕ですから」と静かに宣言している、そんな似合い方だった。


そして海の向こうでも結婚式があった。

ヨーシンからのメールより。


——十月八日に、青い海と空に恵まれて、無事結婚式を挙げることができました。

彼女のバイト先のオーナーが教会の予約とかをやってくれて、さらに式代も出してくれて、本格的なのにかなり安くできました。

当日の朝はまったく実感がないまま迎え、「ドライブがてら」という気分だったけど、彼女が震えながら泣きそうになっているのを見た時には、さすがにぐぐっときました。

(中略)

もう彼女も両家の家族も日本に帰りました(注釈・出産するための帰国)。

彼女は帰る当日に結婚指輪をなくしてしまいました。部屋のどこかにはあると思うんですが、まだ発見できず……。俺がなくしていたらと思うと、ぞっとします。仕事のほうは年末まで暇になりそうです——。

第八章　峡谷、冬の眠りへ

十月の晴れた日に小歩危峡を下る。

久しぶりのラフトボートだ。最初の瀬を漕ぎ抜けるまで、そのフワフワした乗り心地に戸惑う。どうも収まりが悪い。腰が落ち着かない。鞍なしで馬に乗るのはこんな感じかもしれない。

メンバーはレレなど川の人が六名。ガイド3シーズン目のミイが舵をとる。彼女は大歩危半日ツアーではガイドをしているが、小歩危ではまだ任されていない。今日の私たちは彼女のトレーニングに付き合っている。

ミイはもともと都会の人で、アパレル関係の仕事をしていた。某有名劇団に裏方として関わったこともあるという。何度か舞台にも立ったらしい。女優といってもいろいろだが、彼女の場合は個性派舞台系といったところか。背丈があるから見栄えはしただろう。

「その頃は虫が大嫌いだったし、体力も全然なかった。だいたい私は、物を投げたことがなかったですから」と彼女は言う。

それがまたなぜこの峡谷に、とは思うが、女は複雑だから詮索しない。

「だから、ガイドになるまでのトレーニングは大変でした。皮膚はめくれるし、指も骨折しました。虫に刺されてものすごく腫れたり、傷が感染してひどいことになったり――。それに、それまでの私は部屋のドアが開いているだけでも眠れなかったのに、他人と一緒にガイドハウスで大部屋生活ですからね。数ヶ月間も、ですよ」

ここ最近の台風のおかげで満水なのに、上流のダムが水を渋り、峡谷の流れは細かった。南の海には一週間後四国に上陸しそうな巨大台風もある。「今のうちに放水すればいいのに」と不満を残して川面へ。

水位が低く、瀬の入り口では水面からたくさんの岩が出ている。隠れ岩に乗り上げ、そこを支点にラフトがぐるりと回転する。ミイは抗うことなく、それを利用して障害物をかわしていく。

だが小歩危にはまだ慣れていない。同乗した私たちにはスリルある川下りになった。

森囲いの瀬ではコントロールを失い、大きな巻き波へ横向きに落ちていった。ラフトの舷側の、波がぶつかる下流側のチューブにレレとミコと私が瞬時に飛びつき、体重を乗せた。にもかかわらず、波は三人を押し上げ、ラフトが横に立ちそうになる。フリップ（転覆）の予感。レレがラフトの外へと上半身を乗り出し、波の向こうの流れをパドルで攫んだ。ラフトは引きずられるように巻き波のなかから下流へ脱出した。

大滝の瀬では、カヤックを漕ぐダイスケを轢いた。大滝の瀬のホール（大きな落ち込み）で彼がサーフィンしていたのに、ミイはエディ（淵）からホールへとラフトを進めてしまった。カヤックはラフトの死角に入っていたらしい。そしてダイスケは突然後ろからラフトに圧し掛かられて転覆、ラフトの下敷きになって水中に没した。ラフトに乗っていたレレが慌てて右腕を水中に突っ込み、カヤックのどこかを掴む。そして、ゴリラのような体躯のダイスケとカヤックを片手で水面の上に引きずり上げて――レレ曰く「火事場の馬鹿力ですかねえ」――事なきを得た。

晩秋の、「曲がり戸」の瀬。

ゴールでラフトを川から引き上げ、運搬車を待つ。その十数分間、レレがミイと正面から向かい合っていた。ここがだめだった、あそこでの判断は妥当かなどを、彼女に語りかけている。いつものゆったりとした上方口調は、真剣な話になると迫力があった。

「十一月末までトレーニングします。来年は小歩危ツアーにデビューしたいですから」

夕方、そんな言葉をミイから聞いて、私は帰路についた。バックミラーを見ると、いつ

大歩危・小歩危で一番の難所とされる鮎戸の瀬。

大歩危・小歩危の出口にて。共に冒険をしてきた人々には、言葉は無用の連帯感が生まれる。

ものようにツアー客を見送る姿の彼女がいた。

季節はどれも等しい魅力をもっている。けれども四国の河原で焚き火をするなら、秋の到来は一番に歓迎したい。夜の涼しさと炎の暖かさが、絶妙のバランスになる。そして大気は日を追うごとに凛となり、星空は明るさを増していく。

「白鳥座に二連星があるんですよ、頭の星かな、たしか」

アルビレオのことだろう。砂の上に胡座をかき、腕を組んで天を見上げるトオルは、それが肉眼で見えるかのように言う。そんな気分にさせるくらい星の多い夜だ。天の川が帯になっている。

今シーズンもトオルはリバーガイドとしてうまくやっているようだった。川から上がってきた客にツアーの写真や動画を販売しているのだが、トオルの客は購買率が高かった。それにツアーの数日後にはメールやファンレターがよく届いた。そして、トオルの彼女はそのことにひどくやきもちをやいていた。

「そんなので怒ったらいかんわ。メールをもらうなんて、トオルがいい仕事をした証やって。リバーガイドの彼女としては誇りに思わないと。ガイドは川のホストやで」とシバが彼女をからかっている。

「ええやんか、モテん男よりモテる男でいたほうがいいやろ。俺なんか、フリップするとか、

シバが光の中を漕ぐ。
曲がり戸の瀬にて。

ガイドアウト（ラフトから川に落ちること）しないと写真が売れへんので」

そうだなあ、おれもだ、という声が焚き火の周りから漏れる。十人ぐらいが集まっていた。

シバは2シーズン目のリバーガイドだ。焚き火の炎によってゆらぐ陰影が、イタリアのジゴロのような彼の風貌を強調している。身体つきはバネのようだ。空手の心得があるらしい。昨シーズンはほとんどをこの峡谷で暮らし、ガイドになるためのトレーニングに励んでいた。首の骨を痛めてギプスをしたまま激流を下ったり、ツアー会社の上役に「辞めたほうがいい」と宣告されたり——もう二十代の後半だし、リバーガイドよりもちゃんと稼げる仕事を探せよ、という親心もあったのだろうが——、ちょっとした苦難の年でもあった。しかし、今シーズンは小歩危ツアーのガイドに出世して、楽しんでいた。

彼のもう一つの顔は、工務店の代表だ。

「一人工務店ですけどね。今年は店の内装とかをやりましたよ」

もともとは「絵描き」だったと彼は言った。

「工務店業は独学です。現場で盗み見したり、大工に聞いたりして学びました」

「イタリアで暮らしていたことがあるらしいね」

「そうなんですよ」

かつてシバは、日本で、主に内装などを手がける会社で働いていた。しかし、その会社が建てる家――内装は壁紙で済ませるなど、今の日本の典型的な仕上げの家――について、自分と相容れないものを感じていたのだという。

「二週間ぐらいでだいたいの形ができちゃう家って、おかしいじゃないですか」

そんなとき、イタリアで建築の仕事をしている人に、日本で出会う。

「その人に、『来れば』と言われて、チャンスだと思ったんです。それで会社を辞めて、イタリアに行っていきなり訪ねた。そしたら、『え、本当に来ちゃったの』って言われて。ちゃんと連絡しとけって感じですよね」

それでも、なんとか数ヶ月間そこに置いてもらえることになった。仕事は内装関係が多かった。

「壁の仕上げにもいろんなのがあるんです。例えば、石膏を塗って熱をかけると――」

彼はヒュッと口笛をならし、空間を掃くように、指を伸ばした左手を水平に動かした。

「――鏡面のようになるんです。他には、刷毛を叩きつけるようにして塗って、わざと刷毛目を残すとか。壁に味わいが生まれますね。手作りってことに価値があるんですよ、あっちでは」

そうやっていろんな工法や技術をイタリアで経験したのだが、日本に戻ってそれを反映できたかというと、そうでもないらしい。

「日本じゃ流行らないやり方が多かったですね。工賃がかかるし。日本で食いついてくるのはインテリアにすごく凝る人だけでしょう」

イタリアは、家の内装にとてもこだわるお国柄なのだとシバは言う。

「どうしてなんでしょうね。家に人を呼んでよくパーティーをするからかな？」

「〈暮らし〉というのを大切にしているんだと思うよ」

掃除する、洗濯する、料理する、家族や友人と団欒する、眠る――、そんな暮らしの基本を。

「それですよね。何を大切にするか、なんですよね」

「じゃ、日本はなんだろうね」

「なんでしょうね――」

イタリアで一年間修行したシバは、帰国後、一人で工務店を始めた。

「でもこの業界は狭いんですよね。イタリアに行く前に勤めていた会社から圧力をかけられて、仕事が来なかった。裏から手を回されるんです」

また、親しい人が離れていくなどもあって、彼は精神的にきつい状況に陥っていった。

「それで軽い躁鬱症みたいになったんです。そのときは本をたくさん読みましたね。それから家にこもっているのもなんだから、六甲山に登ったりもしました。何度も、走るように」

心の平衡を保つために、頭と体で格闘していたのだろう。

「そのとき、すごく汗をかくんですよ。それで、汗だくになっても着心地のいいシャツが欲しくなった。たぶん登山用品店に売ってるんだろうと思って、行ってみた。そこでラフティングツアーのポスターを見たんです、この大歩危・小歩危の」

そのポスターの片隅には、リバーガイド募集の文字があった。

「ここに来てよかったですよ。ガイドにはいろんな人がいて、面白いですよね」

たしかに——熱帯雨林で樹上生活していたとか、アフリカをバイクで縦断したなど、個性的な経歴や肩書き、暮らしぶりの人間がこの峡谷には集まっている。おかげで、焚き火の炎を見ているだけなのに、会話は尽きない。

「ここに来てラフティングをして、リバーガイドになって、躁鬱から脱け出した気がします」

流木の先が燃え落ち、炎が小さくなってきた。焚き火の周りに放射状に残った流木を、中心の熾火《おきび》に向けて押し込んでいく。そしてひざまずき、熾火に顔を寄せ、機嫌を伺うように息を吹きかける。炭化した木片が赤く輝き、乾いた流木に火がともる。

話の数だけ、焚き火を育てた。

そしてついに、集めた流木のすべてが光と熱になり、元素に分解される。僕らは灰色の砂の上で眠りにつく。

　何度も通過した台風によって激しく揺さぶられた森の木々は、その多くが枯れたような薄茶色の葉になった。紅葉を前にしてすでに初冬の装いである。そして、紅葉のないままに十一月の半ばを過ぎようとしていた。ウシオから「焼肉ですよ、うちに来ませんか」と電話があったのはそんな頃だった。

「真冬の服装で行こう」私はユカに声をかけた。

「そんなに寒いかな?」

「暖房を節約しているかもよ」

　それに、雪山用の衣類を着込んでいるかもしれない。そういうものに限っては、彼らはたくさん持っている。

　一年目の冬に負け、ウシオは標高六百メートルにある雲上の家から引っ越していた。積雪や凍結で道路が通れなくなる、水道が凍って春まで溶けない、とにかく寒い。というわけで、今では標高差にして約三百メートル下り、パートナーの家に転がり込んで二人で暮らしている。

　どういうわけか、その集落は妖怪の里と呼ばれている。ウシオの家のそばには「こなきジジイに殺された人」の墓がある。真実は分からない。

　峡谷沿いの国道から分かれ、九十九折の細い道を登る。

ウシオの平屋からは白い靄が出ていた。頬がひやりとする寒さなのに、縁側の引き違い窓は全開である。「ほらね」と、厚手のフリースを着たユカと一緒に笑う。

八畳ある居間に入ると、なぜかコタツが部屋の隅に置いてある。コタツの電気コードがひどく短いらしい。もらい物なのか、拾い物なのか。二畳分の広さに六人が集まった。

卓上のキャンプ用ガス式グリルに火が点っている。そこに豚バラ肉を置くと、焼けるにつれて白い霞が部屋にこもった。縁側からの外気が、それを少しずつ薄めていく。

「さすがキャンプ用のグリルだ」

皮肉を込めて言ったのだが、ウシオには届いていないようだ。

「家のどこかにシロアリが棲み付いているらしいので、こうやって煙で燻すといいみたいですよ」

集まったのは、ウシオ、アイコ、ユミ、ユカ、私。そして、去年の初夏までこの峡谷でリバーガイドをしていたセキさん。事情があって故郷の実家に戻り、今は関東の川で働いている。久しぶりの再会。互いに「元気でしたか」と握手する。三十代の半ばだが、相変わらず〈体操のお兄さん〉のような風貌。「セキさんはこっちに帰ってこないの」と訊くと、「戻ってきたいですね、将来は」と答えて、笑った。「帰ってくる」が可笑しかったらしい。数日前に峡谷で開かれたリバーガイドミーティングに彼は参加し、そのまましばらく留まっていた。

リバーガイドミーティングというのは、日本全国のリバーガイドが集まって交流したり、小難しい話をするもので、今回は百人ぐらいが集まった。

焼けた豚バラ肉とシイタケに、ウシオ特製の醤油ダレをかける。香ばしさが立ち昇ってきた。

「じゃあ、参加したガイドたちはみんな小歩危ラフティングをしたの？」私はアイコに訊く。

「熱かったですよ、三百トンですよ」と、串刺しの鶏肉をグリルに乗せながら彼女は言う。ちなみにお客を乗せるラフトツアーは、川の流量が百五十トン以上になると中止される。

「ダイスケがラダー（舵役）をしたボートは二回ぐらいフリップ（派手な転覆）しましたよ。曲がり戸の瀬のホールとかで」

「たまらんかった」ウシオがつぶやいた。ダイスケのボートに乗っていて荒瀬に落ち、水中でぐるぐると揉まれたのだ。ビッグウォーターに不慣れな関東のガイド組のボートに乗っていたセキさんも同じ目にあったらしい。二本目の缶ビールを開けながら頷いている。

荒瀬での揉まれ方はだいたい二通りある。

まずはホール。ここでは、回転する大きなローラーに巻き込まれたように、荒瀬のなかで浮いたり沈められたりする。周りが真っ白い泡で囲まれていたらそこはホールである。たいていはなんとなく下流へ吐き出されるが、いつまでたってもホールから出られない場合は悲惨だ。溺死することもある。

もう一つは渦。この日、フリップして川に落ちた我らがラダーマン、ダイスケは、渦に呑まれた。後日、そのときのことを彼に訊くと、「足をぐいと引っぱられる感じがして、上を見ると水面がどんどん遠ざかっていきました。ウオーと思いましたよ」と嬉しそうに話した。そして、下から見る水面が印象的だったと付け加えた。

「その前日の大歩危ラフティングのあと、白馬から来たガイドたちは、『明日の小歩危はやめておきます』と言ってました」とセキさんが笑う。

「三百トンだものね。うちらでもあまり知らないし」

アイコは地元以外のリバーガイドたちに同情しつつ、引火した豚肉をグリルのわきによせた。空のビール缶が畳の上に並んでいく。どれも軽く握られて、凹んでいる。「今、何してる？」、という話になる。激流の季節は終わろうとしていた。

「私は隣町の製材所で働いてる。週三日のパートで」とユミが言う。

彼女のこの一年は、峡谷暮らしの次のステップへの準備だった。三十代の半ばを過ぎ、リバーガイド以外でも稼ぐ必要性を感じた彼女は、まずは大工の勉強を始めた。川に浮かぶ時間は減ったが、満足そうだった。いつだったか、「ここに暮らして、自営で何かをやることだよね、目標は」と、自分に念を押すように彼女は言っていた。

「材木について勉強になるしね。将来は自分の手で家を建てたい、っていうのもあるし」

ユミのそんな言葉に、みんなは静かに頷いていた。

「私は年末にかけて宅配便のバイトですね」アイコがそう言うと、ユミは「いいなあ、それ」と声を大きくした。結構いい稼ぎになる——一般的にはそうは思えない額だが——らしい。

「それなら口を利きますよ」とウシオが言っている。

「手配師みたいだ」と彼に言うと、「そうですか」と笑った。

「ここでの暮らしも四年目なので——」

「ウシオは来年の春までの一年契約だよね、リバーガイドとしては」

「この冬はずっとサラリーマンですよ」と、嬉しいのか辛いのかよく分からない顔で彼は言った。


テレビではニュースショーが皇室の長女の婚約を報じていた。三十五歳にしてようやく相手が見つかったらしい。日本の伝統を守ることが仕事の一つである皇室にしては、なかなか当世風の晩婚だ。


「——さんの年収は約七百万円——」女性のニュースキャスターが、相手の男性のことを話している。

「うわー、そんなもんなんですか」ウシオが私に訊く。「そんなもん」というのは、「そんなに高給なのか」という意味で使っている。

「そんなもんなんだよ、公務員は」

「俺の年収は——」

計算結果が出たらしく、一瞬ウシオの顔がニカッとした。そして隣に座るアイコにこっそりと小声で言った。

「――万円か、結構稼いだな」

しかしみんなは聞き逃さなかった。セキさんが吹き出すように言った。

「そんな額で『稼いだ』って言ってたんじゃあ、だめだよ～」

貧しさを肴に、幸せな笑いがコタツの周りを囲む。ちなみにその額は、国産乗用車（ミドルクラス）の新車価格に届くかどうか、というあたり。

リバーガイドたちの消息を訊く。私は一ヶ月くらい峡谷から離れていた。

「かなりいなくなりましたね。テルはこの間、出発したし。ダイスケ、トオル、ナホは十二月までラフト会社で仕事」

峡谷で冬を越すのは山内さん、コーイチ、アキヨ、トオル、それからここにいるウシオ、アイコ、ユミなど。昨年の冬に比べて、ここに定住した人数は少しだけ増えた。

アキラやサトシはもうじき旅立つらしい。そういえば、という感じでアイコが言う。

「アキラは上の人と少し揉めてたよね。服のことで」

所属するラフトツアー会社が販売する服をリバーガイドミーティングでは着てくれと言われ、それを素直に飲み込むことができなかったらしい。

「『ツアー会社の一員としてリバーガイドミーティングに参加するのだから』ということで、他社の服で来るのはやめてくれ、だったらしいです」

でもアキラには理不尽な束縛に思えたのかもしれない。川を一回下っていくら、という稼ぎ方の彼は、ツアー会社の一員というよりもまず、一人のリバーガイドなのだろう。

来年も彼に会えるだろうか。

最盛期には百人以上の若い声があった峡谷に、静寂が降りてくる。これから冬眠に入るかのように。


ウシオは六時に起きて朝飯を作った。汁の椀と、山のように盛ったご飯の椀を両手に持って縁側に行く。開け放った引き戸から、きりりと透明な山の空気が入ってくる。彼はキャンプ用のエアマットの上で胡坐をかく。そして、「この縁側での朝の時間が、お気に入りです」と言う。城のような石垣の上に彼の家はある。縁側の前のタタキは幅が二メートルくらいで、その向こうはストンと真っ直ぐ落ちている。

縁側からは上下左右の視界が広がり、谷、そして山また山の景色。谷を挟んだ向こうの植林地には広葉樹林が少し残っている。そのなかで、楓の葉が輝くような錆び色になっていた。

山襞の重なりの隙間から、標高差約百五十メートル下の峡谷がわずかに見えた。川面は、朝の射光を反射して銀色に光っていた。谷に刻まれたヒビのようだった。

「これからは、山の頂が、雪で白くなっていきます」

ウシオはご飯をかき込みながら、ときどきふっと山々の風景に見とれていた。お金をあまり稼いでいない男には見えない、満足そうな顔をしていた。

大歩危・小歩危の風景を愛でる人は、これまでもたくさんいた。しかし、ここの激流そのものを愛したのは、有史以来彼らが初めてだった。

様々な個性と経歴を持つリバーガイドたち。今、過疎の峡谷には新しい風が吹いている。

第九章　二年後、はるかなドライブ

直線距離にすると、「彼らの激流」から約五十キロしか離れていない。けれども車で二時間以上のドライブ。四国山地の奥深く、大規模に植林された針葉樹の間を、細いアスファルト道が蛇行している。タイヤを軋ませ、ときに礫を飛ばしながら僕らは進んでいく。峠が三つもある。山肌の崩落のため、随所が工事中の道だ。

二台の車の屋根にはカヤック――クリーク（渓流）用というやつで全長二メートル半、ボリュームのある船体はオランダの木靴を連想させる――を、二艇ずつ積んでいる。前を行くのは山内さんの黒いステーションワゴン。続いて、ラリー車のように傷んだアキラの４ＷＤ（ハイラックスサーフ）が、登り道ではあえぐように速度を落として追いかけてくる。そっちにはアキラ、サトシ、テルが乗っている。

腰が痛くなってきた。尻の位置を前と左にずらす。

「蛇だ！」「うわっ！」山内さんが急にハンドルを左右に回し、避けようとする。右後輪に〈コン〉という軽い感触。

「うわー、蛇を轢いちゃったよ！　嫌だなあ、昨日は意味もなくネックレスが切れたし」

「今日はやばいんじゃないの」

「そうだなあ、どうしようか～」と言いながらも、彼はアクセルを緩めない。

最後の峠（標高九九〇メートル）を越える。目的の川が道の傍らを流れ始める。最上流部は比較的開けた谷だ。幅のある谷底には、下町の一戸建てぐらいの岩がひしめき、下流へと連なっていく。二年前の豪雨で根こそぎ倒れ、洪水で流された杉や檜が、巨岩に引っかかり、絡み合っている。樹齢は三十年以上ありそうだ。川は幾筋にも分かれながら、岩の間の細い迷路を流れていく。

水量が少ないのではないかと、私は感じる。

「いや、これぐらいの流れが滝に集まっているなら、大丈夫だろう」と山内さんは言う。

下っていくにつれ、谷は狭くなり、山は高くなった。山頂は車窓のフレームからはるか上に外れている。

そして、穴の底のような深い峡谷にたどり着く。垂直にしか見えない岩の山肌が前後左右から迫っている。トンネルがある。ツルハシと腕力だけで掘られたのか、内側が凸凹で、ひどく暗い。その入り口のそばで車を降りた。

雨になったのかと思った。見上げると、庇のようにオーバーハングした黒い岩肌。そこから水が染み出し、雫の列が降ってくる。そして豪雨のような音。僕らはその方向へと歩いた。むせるような樹林に覆われた、深くて大きな穴——円形劇場（コロセウム）のようだ——の縁に六人は並んで立ち、見おろす。

対岸では、そそり立つ岩壁の門から水流がこぼれ落ちていた。大仏が行水できるくらいの量だ。そしてわずかに孤を描きながら空中を二十メートル落ち、群青色の滝壺に絶え間なく激突している。滝壺から放射状に広がっていく水流は直径二十メートルの釜となり、水の四分の一は下流へと溢れ、残りは釜を囲む岩壁を叩いている。たぶん、気が遠くなるくらい昔から。岩壁は半ドーム状にえぐられ、クジラを一呑みできるくらい大きくて縦に長い、そして暗い口をあけている。

そんな大自然の景観に目を奪われているのは私だけで、他の四人は滝の構造を読み取ることに集中している。カヤックを浮かべるのに充分な幅と厚みが滝にはあるか、ソフトに着水できるだけ滝壺は泡立っているか——。そして、自分のカヤックが滝壺へ落ちる様子をイメージしていく。

彼らと付き合い始めて四年になる。これまで、激しい川下りに何度か立ち会ってきた。しかし、彼らがどんな神経をしているのか、いまだによく分からない。

この前の冬、五ヶ月前のことだ、テルは南米のチリにいて、大きな滝をカヤックで下った。そして水中の岩で顔面を強打して顎の骨を折った。日本に帰って来てもしばらくはギプスの生

カヤックを担いで滝の上流へ、谷底へと降りられそうな場所をさがす。

活。流動食だったという。トラウマにならないのだろうか。

サトシは今、肋骨にヒビが入っている。通勤時の事故だった。山腹の自宅から峡谷へ、急な坂道を自転車で下っていた。普通の乗り方ではなかった。何を思ったのか、鼻息の荒い牡馬のように前輪を宙に浮かせて——つまり、ウイリーしながら。そして、速度が上がりすぎて制御不能になり、自転車ごと派手に前転したらしい。そんな体で、なぜ滝を落ちようと思えるのか。

「カヤックじゃなくて、生身で落ちたほうがましかもな」と山内さんが陽気に言う。これぐらいの高さから落ちたことがあるらしい。

「足を開いたらだめだね。着水したとき、水が肛門からなかに入ってくるから」

私はふと、三十歳を過ぎた彼らが、いつまでこんなことをしてゆくのか、と思う。

肩にカヤックを担ぎ、空いた手にパドルを持った四人は、滝の上流まで道路を歩いていく。そしてガードレールを乗り越える。クライミングロープを伝って崖を降り、約十メートル下の狭い草地へ。カヤックとパドルもロープで吊って降ろす。川はさらに十数メートル下だ。四人とカヤックは、岩と藪の陰へ消えていく――。

谷底の大気。頰が少し冷やりとする。はるか上のほうにモミやツガの林を頂く岩壁が、大聖堂（カセドラル）のように彼らを囲んでいた。岩の表面はぬらりと湿気を帯び、濃い灰色のグラデーションになっている。どうにかカヤックを漕げる流れが、岩の間を穏やかに通り抜けていた。川はとても澄んでいる。

そして、深い谷底でありながら、そこは光の世界だった。明るい緑の枝葉が天蓋となり、そこから透過する光は大気をほのかな萌木色に染めていた。透明な淵や濡れた岩には木漏れ日がうつりこみ、その光の何パーセントかを大気に返した。四人は、ごく薄く漂う光の粒子に包まれていた。

しかし、この美しい谷が別の顔をもっていることは、容易に想像できた。

頭上には、覆い被さるように湾曲した岩壁が見えた。

彼らは谷底へと、藪の向こうへ消えていった。

いく度もの洪水によって削られた、大自然の造形。大雨が降ればここは、地獄のような濁流に呑み込まれるのだろう。怖れを内包した美しさが、四人の言葉を奪っていた。

滝の落ち口はU字型に削られた岩盤。古寺の山門ほどの大きさだろうか。染み出し伝い落ちる水で滑りやすくなった岩盤を四人は慎重に歩き、水流の行く先を見ようとする。崖が急すぎて前に進めない。落下する水に巻き込まれた大気は、乱れる風となり、四人の背中を滝壺へと押す。収穫の少ないまま彼らはカヤックに戻った。

ジャンケンで決めた通り、テルの赤いカヤックがまず流れに入る。迷いなくパドルを漕ぎ、姿勢を保つと、岩の門の下へすっと消えた。

浅く水が流れる急な岩盤を滑り落ちる。そこでの一秒間で、テルはデッキにキスするくらい上半身を前に倒し、パドルを左にひきつけ、シャフト（軸棒）を船体にそわせた。バウ（船首）はまっすぐ滝壺を指している。

滝の水流に乗り、空間へと放り出された。姿勢が崩れ、カヤックは左横腹から落ち始める。〇・三秒後、カヤックのボトムが滝の裏の崖に軽くぶつかる。衝撃でカヤックは左へひねられるように回転、テルの頭は滝の裏へ向いてしまう。だが、カヤックのバウは滝壺への軌道を回復した。

テルとカヤックは、激しく沸騰するような水泡へ突き刺さり、潜る。そして、漁を終えた鵜のように浮上した。

水の轟音の向こうから、テルの甲高い雄叫びが滝の上にとどいた。それを合図に、山内さんが黄色のカヤックで流れに入り、滝を落ちる。すぐに彼は、思ったより厄介な滝であることに気づいた。流れは素直に滝壺へと向かっているのではなく、少しらせん状に、反時計回りにひねりながら落ちている。体が左に傾いていく。どうしようもない。姿勢が崩れ、バウの向きが滝壺を外れる。そしてそのまま、「ドン」という衝撃音。

それは、滝落ちカヤッカーにとって不吉な音だった。しかし、滝の上で待つサトシとアキラには届かなかった。滝壺の轟音が邪魔をした。

岸に漕ぎ着いた山内さんは、カヤックから抜け出すや、水辺にへたり込んだ。やや横向きに落ちてきた彼とカヤックは、滝壺に刺さるのではなく、叩きつけられていた。その衝撃で腰を痛めたらしい。しかし歩けるようだ。

テルがホイッスルを吹く。

サトシのオレンジ色のカヤックを、アキラは見送った。

それからアキラは長い時間待った。何かが起きたのだろうなと思った。しかし止める気にはならなかった。

ようやくホイッスルが鳴った。

アキラの上半身がパタンと前に倒れ、顔の正面に滝壺が迫る。

飛沫になって落ちていく水の粒が、彼の周りで止まっていた。

バラバラにはじけた水の、一粒一粒がはっきり見える。

彼は滝の水と同化していた。

カヤックは滝壺に刺さり、潜った。

細かく密な気泡の層がアキラを包んだ。それを過ぎると、怖いくらい藍色の世界が待っていた。しかし彼は光のほうへと引き戻されて行った。

カヤックは天地逆で浮上した。アキラはエスキモーロールで大気に戻る。

だが、まだ危機は去っていなかった。滝壺から放射状に吐き出される水流がカヤックを押し流す。行き先は、滝の釜を半円状に囲む垂直の岩壁。アキラとカヤックは岩壁に横向きで押さえつけられる。転覆する。流れに押されてロールできない。アキラはカヤックから脱出した。岩壁は、水面のすぐ下が奥に向かって深くえぐれている。その水中の袋小路へと、アキラは吸い込まれそうになる。

激流下りにおける典型的な死に方の一つだ。

スローバッグ（救助ロープを入れたバッグ）が飛んでくる。アキラはそれを掴む。命拾いをする。水没したカヤックが、釣りの浮きのように垂直に立って、漂着した。

そしてアキラが見たのは、水際で横たわるサトシだった。

サトシは、山内さんよりもバランスを崩して落ち、滝壺に叩きつけられていた。酷く腰を痛めたらしい。立てないし、動けない。喋る力もない。

アキラ、テル、そしてビデオ撮影を担当していたユウスケが担架を作り始める。滝壺の縁の雑木林に入り、ぐすぐすと足場が崩れる急斜面で木の伐採に取り掛かった。アーミーナイフに入っている、刃渡り十センチぐらいのノコギリしか手元にない。人の手首より少し太い幹なのに、手間取る。時間が過ぎていく。

「今日に限ってノコギリを忘れた」とテルが悔やむ。

ユウスケは、「ここは石器で」と、手近にある尖った石を掴んだ。そして力任せに幹に叩きつけ、横木になる木を一本倒す。陸上の十種競技で鍛え上げた上腕の筋肉が盛り上がり、熱を帯びて

サトシが滝を落ちる。

いる。

材料を抱えて滝壺へ降りる。サトシは腰から下を滝壺に浸けたまま横向きに寝転んでいた。目を開ける気力もない。沢を渡った三人は、伐採した木を救助用ロープで組み、フローティングベストやキャンプ用マットなどで寝台を作った。そしてサトシを寝たままの姿で抱え、うつぶせにして担架に乗せ、タイダウンストラップ（車のキャリアにカヤック固定する平らな紐）で担架に縛りつけた。

三人は担架を担ぎ上げ、滝壺から流れ出た渓流に入る。深いところでは首まで水につかり、岩だらけの狭い流れを下りていく。

加重が集中したのか、アキラの口が苦しそうにゆがむ。そして、低くつぶやいて気合を入れ直す。

五十メートルほどの移動。だが、渓流を下ってこちらの岸にたどり着いたとき、三人の顔はやつれ、影が濃くなっていた。そこから私も加わり、四人で急なコンクリートの階段を登る。担架が斜めになり、サトシが「うっ」と呻く。腰に体重がかかっている。担架の傾斜を少なくするため、後ろのアキラとユウスケがジャークして両腕を天に伸ばし、できる限り高い位置に担ぎ上げる。

「イチ！　ニ！」と、単純な掛け声を頼りに、一歩一歩谷底から脱出していった。

山内さんがワゴン車の後部座席をたたみ、キャンプ用マットを敷き詰めて待っていた。サトシを担架から外し、うつ伏せのまま滑らすようにしてリアハッチからワゴン車に入れる。そしてテルと山内さんは病院を目指して出発した。峠を三つ越える、はるかな復路をたどって。

残された四艇のカヤックやギアをかき集めてアキラの車に積む。エンジンをかけたところで、アキラが「もう一つの滝を見ておきたかったけどなあ」と未練たっぷりにつぶやく。それならここから五分ぐらいだと告げると、帰り道とは逆方向に車を発進させた。事故はともかく、気持ちは新たなる滝へ。この男、かなりの激流馬鹿。重症である。


二年前、それまで数年間働いてきたラフトツアー会社との契約をアキラは更新しなかった。そして、キャニオニング――つまり、滝や淵が連続する深山幽谷へ客を案内し、冒険的水遊びをさせる会社に移った。仕事場は大歩危・小歩危峡にある小さな沢だ。そして相棒はサトシ。私は、怪我をしたサトシの生計のことが気になってアキラに訊く。

「月給制ですからね。デスクワークもいろいろあるし、大丈夫じゃないですか？」

しかしアキラの負担は大きくなる。七月の連休にはたくさんのお客が入るという。そのツアーのやりくりをどうするか、彼は「どうしよう」を連発しながら、なんとなく解決策を見つけているようだった。だいたい、彼が本当に困っている姿を見たことがない。

アキラが抱く、この地の川への思いは相変わらず深い。数日前に、高知県の地域振興関係者たちがアキラの会社に来た。アキラは「せっかくいい川があるのに、どういうことか」と、砂防や護岸工事によって清流が壊されている現状を彼らに語ったらしい。この山里が世界に自慢できる数少ない宝の一つ「清流」をわざわざ壊しておきながら、地域振興とはどういうこと？なのである。

「でも、災害から人命を守るためだとか、地元からの要望があるからとか、その地域振興担当は言い訳してるんだから。嫌になりますよね」

川だけでなく、この山里のもう一つの宝である「古民家」にもアキラは関わり始めた。昨年の秋から彼が借りることにしたのは、かつてその山村の庄屋だったすごい家で、今では相当な廃屋だ。それを主に一人でこつこつと、素人大工で修復している。古民家再生といえば、一般的には金持ちの道楽的工事――そこそこの再生工事でも三千万円以上かかる、つまり建て替えたほうが安い――だが、リバーガイドであるアキラにそんな金は当然ない。

「窓はアクリル板にします」と、彼は言っていた。「ガラスと比べるとすごく安いんですよ。窓枠は、雨戸を再利用しようかなと思っています」

それから、隣の家――といっても古民家から二百メートルほど山を下ったところ――のお婆さんがアキラのことを気に入ったらしく、古民家再生にいろいろとお節介を焼いているらしい。例えば、冬のスキー場の仕事でアキラが四国を離れている間に、古民家の腐った基礎が交換され、家の傾きが改善されていた。

「まったく僕の知らない間に、お婆さんが大工に頼んで勝手に。たぶん費用も払っているんで

ときどき、友人たちが古民家再生を手伝った。

しょう」

そんな田舎付き合いに少々戸惑いつつ、アキラの古民家再生は少しずつ進んでいる。いつ完成するか、まだ誰にも分からない。

同じく古い建物だが、ユミ夫婦の場合は峡谷から十五キロほど上流にある廃校を借りた。改築後四十五年を過ぎた木造の小学校で、吉野川を見下ろす丘の上に建っている。板張りの長い廊下に沿って六つの教室が一列に並び、これを改装して「みどりの時計台」という宿にした。この山里で自営で何かをするというユミの夢が一つ叶ったわけだ。アキラの古民家と同じく、こちらの改装工事も、なるべくお金をかけず、友人知人の善意による労働と物品の援助（バスタブ、ベッド、畳など）で進んでいった。傍から見ている感じではレレがいつも廃校にいて、汗と埃にまみれていたようだ。

レレはというと、「廃校改装を手伝っていたこの数ヶ月

チェーンソーや斧で邪魔な木を切り払っていった。川の人たちは、山でも体がよく動いたし、器用だった。

アキラと古民家。だいぶ光が入るようになり、庭が明るくなった。

間はニートみたいだった」と笑いながら言っていた。所属していたラフトツアー会社との契約を一年前に終え、自分のラフトツアー会社を始めようと奮闘しているのだが、どうも歯車が噛み合わず正式な開業には至っていない。人が良い彼は周囲に振り回されているように見える。人生を自分のものにするには、ときにはエゴを押し通す図々しさが必要なのだが。

七月一日に「みどりの時計台」の開業イベントが町主催で行われた。過疎の山里には似つかわしくない数の地元民（約三百人）が集まり、バーベキューやビール、地元伝統の神楽、よさこい踊り、アコースティックライブを楽しんだ。

ラフティング関係者もたくさん来ていたが、馴染みのない顔が何人か増えていた。この地に腰を落ち着け、激流下りに今をささげる青年はじわりと、しかし確実に増えているようだった。

ラフティング会社を立ち上げて三年目のマークが町長と話をしている。話題は、何かリバーガイドについてらしい。町長の提案が耳に入ってきた。

「――川の仕事がないとき、農作業の仕事を紹介するとか――」

リバーガイドたちが、そして激流の価値が、この地域では認められつつある。とはいえリバーガイドの存在があたりまえに――例えば農民や郵便配達員のように――なるには、この先もまだ紆余曲折があるのだろう。

大歩危・小歩危の下流、吉野川への展望がよい五階建ての総合病院に私、アキラ、ユウスケがたどり着いたのは夕方だった。西日の熱が谷にこもっている。時間にしてわずか一～二秒の滝落ちのために車を走らせ、ほぼ一日を費やして、しかも怪我をした。人はなんと無駄を愛する生き物か。

広い待合ロビーにいるのはテルと山内さんだけだった。山内さんは長椅子にだらしなく寝ている。腰にはコルセットが見える。彼のほうは腰の捻挫で済んだらしい。だが、「もっと何か治療してくれよ」と少し不満げである。

「サトシは腰骨の圧迫骨折。腰骨の一つが、ギュッと――」

テルが、人差し指と親指でつまむような仕草をする。

「――つぶれた。神経は傷ついていないらしい。一週間ぐらいの入院。運動できるようになるまで三ヶ月ぐらいだと医者は言っている。今、集中治療室だ」

私たちは待った。ガラスの自動ドアを通して午後の斜光が差し込んでくる。反射するロビーの床が眩しい。

その光のなかに、若い女性の姿が見えた。腕のなかにはまもなく一歳になる男の子。彼女の細い影が、ロビーの向こうから私たちの足元へ伸びてきた。

そう、昨年サトシは結婚した。「海の家」の看板娘みたいに、チャキチャキした人と。そして父親になった。責任ある立場になったわけだが、それなのに危険な滝落ちカヤックへ――。

私は彼女に会うのが少し怖かった。ひどい友人の一人に違いないのだから。しかし、彼女の口から最初に出た言葉は、「うちのサトシが迷惑をかけました――」だった。

周りを見れば、サトシを滝落ちに連れ出した連中はいっこうに悪びれた様子はなく、いつものように彼女と話している。そればかりか、今日撮影した滝落ちビデオをロビーで見始めた。嬉しそうに、満足げに、滝落ちの感想を述べながら。

病院を後にした車のなか、山内さんが「上の人に怒られるなあ」とつぶやいた。

「これからラフティングのシーズンなのに、なんで滝落ちなんかやるんだよ、秋にしろよ、って言われるんだろうなあ」

「でも、梅雨で水量が多くないとできないし、今じゃないとね」

「そうなんだよ。でもサトシがああなっちゃったから、次は秋だな」

それは、ただほとぼりが冷めるまで我慢するということか？　それとも、サトシが完治して一緒に川へ行けるまで待つということだろうか？

「ところでさ、病院の待合ロビーで、そばにサトシのかみさんがいるのに、滝落ちビデオを見たり、次に滝落ちする計画を話したり、よく懲りないね」

前を見てハンドルを握る山内さんが一瞬こちらに顔を向け、そして軽く笑いながら言った。

「だって、俺たちからカヤックを取ったら何が残るの」

約一週間でサトシは退院した。腰にギプスを巻いている限り、普通に歩けるようだ。

「見ますか?」と、サトシはいたずら小僧のような顔でデジタルカメラの電源を入れた。すでに方々で見せびらかしているらしい。

小さな液晶画面にレントゲン写真が映る。腰骨を横から写している。

「ここです、この骨」と、サトシが画像を拡大して示す。

長方形の骨の間に、台形になった骨がクサビのように挟まれている。

「これからもずっと台形らしいです」と、別に気にしていない様子でサトシは説明した。

X(エックス、つまり、エキストリーム)な写真だなあと、私たちは笑い合った。

この物語の翌年(2007年)に、レレは念願のラフトツアー会社を設立した。

付録
リバーカヤック、そのなかでも激流カヤックを始めたくなった人へ

1、ようこそ、リバーカヤックの世界へ

乗っている人が両腕をぶらんとおろせば、その手は水の中へ——それぐらい水に寄り添う乗り物がカヤックです。水の上に浮いているとはいえ、カヤックに乗ったときはお尻の位置が水面より下になります。これほど水にフレンドリーなボートはないでしょう。漕ぎ方や操作方法は、他の人力船とはかなり異なります。そして水の上で味わう浮遊感、自由、爽快感は、他のどんな船よりもあなたを魅了するに違いありません。

さて、カヤックで遊べるフィールドは海や湖なども対象になりますが、今回は川に限定して、カヤックを始めるにあたってのアドバイスをしましょう。

まずは用具について。この本でも触れた、大歩危・小歩危のカヤッカーのスタイルで解説します（次ページ写真）。この写真で紹介しているのは激流を下るための装備です。優れた機能と性能を備え、値段も相応です。しかし、ここまで高性能なウエアやギアを揃えなくても、そして漕ぐにあたってのテクニックや知識がなくても、カヤックは始められます。初心者からエキスパートまで幅広い人たちが楽しめる、それがリバーカヤックの長所の一つです。

フローティングベスト
カヤックに限らず、川で遊ぶときは用意しておきたいギア。これの着用が一般化すれば、川での水死事故は大幅に減るだろう。信頼できるアウトドアメーカー製のフローティングベストを選ぶのが肝心。
カヤック用ヘルメット
ホワイトウォーターを下るなら必須。20年前には、かぶるのが恥ずかしいヘルメットばかりだったが、今ではクールな形とグラフィックの製品がたくさんある。
カヤック
これはホワイトウォーター・カヤックの一つで、フリースタイル用。
バウ（船首）
WERNER
パドル
カヤックを漕ぐときは、櫂（ブレード）が二つあるダブルブレード・パドルを使う。
コックピット
スプレースカート
カヤック内部へ水が入らないように、コックピットのコーミングに取り付ける。
コーミング
スターン（船尾）
リバーシューズまたはサンダル
河原や川の中を歩くための履物。水はけがよく、濡れた岩の上でも滑りにくい。
カヤック用ウエア
水を弾きやすい、濡れても体を冷やしにくい、ほぼ完全防水など、人間が川の生き物になるための機能を盛り込んである。

2、漕ぎ始めるのは簡単！
間口は広く、奥行きは深いリバーカヤックの世界

乗るカヤックのタイプを適切に選び、川の流れと水面が穏やかであるならば、まったくの初心者でも自由に水の上を散歩できます。カヤックを漕ぐにあたっての免許は存在しませんし、川を下る許可も必要ありません（一部のダム湖は除く）。現状では、「川は天下の公道」という扱いのようです。「川の通行料」なんてものもありません。

ここで、川下りに使われる主なカヤックの種類を、大まかに説明しておきます（次ページ以降参照）。川で使われるものには、この他にカナディアン・カヌーがあり、シングルブレード・パドルで漕ぎます。ですが、今回はダブルブレード・パドルで漕ぐカヤックだけに絞りました。ダッキーとレクリエーショナル・カヤック、フォールディング・カヤックは安定性が高く、穏やかな水面であれば、初心者でも容易に漕ぐことができます。乗っていて「怖い」と感じることはないでしょう。ホワイトウォーター・カヤックは、不安なく乗れるようになるには慣れが必要です。

さて、カヤックを始めるにあたって、最小限の道具一式（カヤック、パドル、スプレースカート、フローティングベストなど）を揃えると約十万〜二十万円になります。ちょっとした出費ですね。なので、まずはショップやクラブのカヤック体験会、またはアウトドアツアー会社

が開催する「初心者向けカヤックツアー」などに参加するのもよい方法です。そこでは、カヤックを漕ぐにあたっての「基本中の基本」も教えてもらえます。

レクリエーショナル・カヤック

レクリエーショナル・カヤック

初めてカヤックを漕ぐ人でも、不安になることのない安定性と直進性の高さが特徴。乗り降りが容易。穏やかな流れや、静水向き。

●全長：約３ｍ（１人乗り）〜４ｍ（２人乗り）前後。
●重量：約17kg（１人乗り）〜40kg（２人乗り）前後。
●価格：約７万（１人乗り）〜16万円（２人乗り）前後。

フォールディング・カヤック

分解してダッフルバッグに収納できることが一番の特徴。骨組みに船体布（防水性）をかぶせるという構造ゆえ、岩などの激突には弱く、船体布が破れることも。安定性と直進性が高い。

●全長：約４ｍ（１人乗り）〜５ｍ（２人乗り）前後。

●重量：約12kg（1人乗り）～25kg（2人乗り）前後。
●価格：約18万（1人乗り）～30万円（2人乗り）前後。

フォールディング・カヤック

ダッキー

インフレータブルカヤックとかゴムカヤックとも呼ばれる。空気を入れて膨らませると船体になる。安定性抜群。空気を抜けばくるくると巻けるので、収納場所には困らない。高品質のダッキーであれば、腕を磨けば急流下りも可能。1万円前後の安物はゴミになるだけなので注意。
●全長：約3m（1人乗り）～4m前後（2人乗り）。
●重量：約10kg（1人乗り）～20kg（2人乗り）前後。
●価格：約10万（1人乗り）～30万円（2人乗り）前後。

ホワイトウォーター・カヤック

激流下りで性能を発揮するカヤック。乗りこなすには慣れが必要。カヤックを体の一部にする、という気持ちで漕ぐとよい。全長2m未満のタイプもあり、収納場所を探すのが比較的容易。

●全長：約2～3m前後（1人乗り）。

●重量：約12～20kg（1人乗り）前後。

●価格：18万円（1人乗り）前後。

ダッキー

ホワイトウォーター・カヤック

カヤックを漕ぐときのテクニックはいろいろあって、とてもこの限られたスペースでは紹介し切れません。なので、若干のコツみたいなものを書いておきます。

カヤック初体験の人が漕ぐのを見ていると、「池のボートじゃないんだから！」とツッコミたくなることがしばしばあります。ちょこんとカヤックに乗っているだけで、がんばって漕ぐけどぜんぜん思うように進まない、という人です。たいていの場合、そんな人はカヤックのコックピットの中で体育座りをしています。そんな姿勢では下半身の踏ん張りがまったく利きません。ガニ股になって、足の裏、膝と腿、尻をカヤックに押し付け、体とカヤックを一体化することが肝心です。

さて、下半身とカヤックを一体化したものの、上半身までガチガチに固まる人がよくいます。どんなスポーツにも共通ですが、やはりリラックスが大切。つねにゆらぎ続ける川の流れや波にあわせるように、気持ちを柔らかくしましょう。

リラックスに一役買ってくれるのが、とりあえず転覆することです。そしてカヤックからの脱出の手順を知っておく。もちろん、フローティングベストを着用しておくこと。さらに、カヤックを押しながら岸まで簡単に泳いでいける場所で。転覆しても溺れないのだと分かれば、肩に力が入ることは減るでしょう。それに、ひっくり返って川の洗礼を受けると、俗世でまとわり付いた「あれやこれや」が流れ落ちて、自然と笑顔になります。

3、川へ行くには、川から帰ってくるには

川へカヤックを持って行く主な方法は、鉄道やバスなど公共交通機関を使う、またはレンタカーや自家用車で運ぶかのどちらかでしょう。「家が川のそばだから歩く」という羨ましい人、「カヤックを肩に担いで車をヒッチハイクする」という信じられない人もいますが。

折り畳めるカヤック（フォールディング・カヤックやダッキー）の場合は公共交通機関が利用できます。折り畳めないカヤック（リジット艇という）は自動車で運びます。屋根にキャリアを装着し、その上に、タイダウンストラップで固定します。ホワイトウォーター・カヤックなど全長二メートル前後のカヤックなら、車種によっては車内に入れて運ぶことも可能。

ところで、リジット艇で川を下った場合、スタート地点に置いた車を取りに帰らなければいけません。数台の車で来ているのなら、川を下る前に回送用の車をゴール地に駐車しておきます。一台だけのときは自転車で回送するか、歩いて戻るか、川沿いに公共交通機関があればそれを利用します。一人で川に来た場合は、その間、カヤックは河原に置きっぱなしです。盗難の可能性がありそうな場所では、相応の対処が必要になります。川によっては、リジット艇を屋根に乗せられるタクシーが営業していることもあります（高知県の仁淀川など）。

公共交通機関で川に来たのなら、回送の手間は不要。上陸したらダッキーやフォールディング・カヤックを乾かしてたたみ、電車かバスかタクシーに乗って帰宅します。

4、カヤックを漕ぐ以外の、川での楽しみ

カヤックを漕ぐのなら、泳いでも嫌な気分にならないくらいの清流へ行きたいものです。転覆してもブルーな気持ちにならないし、カヤック以外の遊びも楽しめます。

まず、川といえば釣り。カヤックを漕げば、釣り人が近寄りにくいポイントへ行くのも容易です。釣り用の手漕ぎボートより、ずっと操作性に優れています。

釣りに限らず、清流での魚捕りは楽しいもの。童心に帰らせてくれます。それほど釣りマニアでなくても、〈延べ竿・糸・針・小さな錘・浮き〉という素朴な釣り道具を用意しておくのがお勧めです。釣り餌は、川底の石についているカワゲラやトビゲラの幼虫が使えます。タモ網もいいですね。水際に植物が茂っていて、魚が隠れやすそうなポイントに網をつっ込んでガサガサすれば、いろんな魚、エビなどが捕れるはず。

透明度の高い川なら、水中眼鏡をつけて泳ぐべきです。それほど深くない早瀬で潜れば、鮎やハヤ、ときにはアマゴが泳いでいる姿を目撃するはず。ハイビジョンテレビで自然番組を見るより、生の感動はずっと深いものがあります。

そして夜には河原でキャンプ。容量のあるカヤックであれば、キャンプ道具を積んで川を下ることができます。そして、静かな河原を選んで上陸。テントを張り、焚き火を起こし、輝きを増す星空の下で、ゆらぐ炎と仲間の会話だけで満たされる時を過ごす――。とはいえ中洲で

のキャンプは避けておきましょう。それから、急な増水への備えは忘れずに。

5、川の難易度について

ところで、リバーカヤックの世界では、川または瀬の難易度を、一級から六級までの六段階に分けています。例えば「波やや高い。カヤックを操る技量が、ある程度は必要」な瀬であれば「二級の瀬」というふうにです。独学でカヤックを漕ぐ、または体験カヤックに参加した初心者には、二級の瀬ぐらいまでが安全にカヤックを楽しめる限度でしょう。ここまでなら、いうなれば「カヤックに乗っかった船頭」でいいからです。しかし三級以上の瀬（ホワイトウォーター）を漕ぐなら、「カヤックを体の一部にした、川の生き物」になる必要がある。

もちろん、二級までの川でもカヤックは十分楽しめます。けれども、山がちな地形の日本の川には、二級以上の区間がそれはもうたくさんあり、素晴らしい風景と自然で私たちを待っています。初心者のままでいることは、実にもったいない。それに、二級までの区間はたいてい下流域にあるので、水温が上がる真夏にはあまり清流になりません。それでは泳ぐ気も失せるので、暑いばかりの川下りになってしまいます。

さて、腕がよければ、どんなタイプのカヤックでも三級以上の瀬を下ることができます。しかし、川の流れとの一体感やコントロールのしやすさ、自由などを望むなら、急流専用に設計されたホワイトウォーター・カヤックがベストチョイスでしょう。

6、ホワイトウォーター・カヤックは人に習うのが一番！

速い流れの中でホワイトウォーター・カヤックを乗りこなすには、技術とコツと慣れが必要です。また、ホワイトウォーターでの流れの読み方や使い方、危険の察知、危険の回避、アクシデントへの対応など、安全にカヤックを楽しむには様々なことを身につける必要があります。ホワイトウォーター・カヤックについてはマニュアル本も出版されているので、それを読んで独学するのも一つの手ですが、上達への一番の近道は、信頼できるカヤッカーに教えてもらうことだと思います。

具体的には、どこかのカヤッククラブに入って教えてもらうか、カヤックショップやアウトドアメーカーが主催しているリバーカヤック・スクールへの参加などがあります。例えば、アウトドアメーカー「モンベル」の一部門であるモンベル・アウトドア・チャレンジは、ホワイトウォーター・カヤックを対象にしたスクールを開催しています。こういったスクールへの参加は、カヤックのスキルを上げるだけでなく、仲間を見つけるという意味でも有効です。たった一人でホワイトウォーターを下るのは、それほどの難所でなくてもリスクが伴います。一緒に下る相棒が、やはり必要です。

7、エスキモーロールを身につけよう

カヤックと聞けば、「ひっくり返ったらどうなるのか」と心配になる人が多いと思います。そして「ひっくり返っても、くるっと回転して元に戻るんでしょ」と言う人も少なくありません。この「くるっと回転」するテクニックがエスキモーロールというやつです。

このエスキモーロール、習得するには「敷居が高い」と、敬遠する人が多いようです。「エスキモーロールをマスターしなくても川下りはできる」という人もいます。たしかに、転覆したらカヤックから脱出して泳ぐ、という手はある。しかし、この本に書いたように、激しい荒瀬で泳ぐことは危険を伴います。それに、泳いで、水没したカヤックを捕まえて、岸まで運ぶのはとても面倒だし、疲れる。エスキモーロールは実に便利なテクニックです。

難しいと思われているエスキモーロールですが、正しいやり方を教われば、「アレッ」という感じで簡単にロールできるようになります。子どもの頃を思い返すに、自転車を補助輪なしで漕げるようになるまでのほうが苦労した気がする。それにロールできれば、楽しいことが増

えます。例えば澄んだ川であれば、水中眼鏡をつけてわざと転覆して魚たちの泳ぎを眺め、苦しくなったらロールで起きる、というような。

左にエスキモーロールを上から時間順に並べたものを掲載しておきます。

8、フリースタイルを始めれば、リバーカヤックの世界はさらに広がる

エスキモーロールを身につけ、ホワイトウォーターを安全に下れるようになったら、フリースタイルにも挑戦できます。フリースタイルとは、荒瀬の中で留まり、カヤックでサーフィンしたり、側転したり、ジャンプしたりして遊ぶことです。川の流れとの一体感、大自然とシンクロしているときの充実感は、素晴らしいものがあります。

また、フリースタイルを覚えると、カヤックで遊べるフィールドがさらに広がります。単純にダウンリバー（川下り）するには凡庸な川だとしても、たった一箇所でもいいウエーブ（波）、いいホール（巻くように逆流する返し波）があれば、そこは出かけていくべき川になります。そんなフリースタイルカヤック向きの「スポット」は、例えば「最後の清流」を目指して遠出しなくても、案外身近にあるものです。

そして、川を飛び出し、海に行ってカヤックサーフィンを楽しむフリースタイルカヤッカーも珍しくありません。ここまでくれば、あなたにとってカヤックは体の一部。鮎や鮭のように、激流で自由になれます。新しい能力、センスを身につけることは、いくつになっても楽しいものです。

著者紹介――――――大村嘉正（おおむら よしただ）

一九六七年九月生まれ。四国暮らし。

自然、アウトドアスポーツ、暮らし、伝統文化などを主なテーマに、旅行雑誌や航空機機内誌、アウトドア誌などに記事を寄稿している。

アウトドアスポーツに関しては、ヒマラヤ登山からケイビング（洞窟探検）まで幅広く経験。なかでもカヤックは人生の伴侶のような存在。これまでに日本各地の川やユーコン川を下り、南東アラスカの海を約二ヶ月間単独航海した。

彼らの激流

二〇〇八年七月二〇日初版発行

著者――大村嘉正
発行者――土井二郎
発行所――築地書館株式会社
東京都中央区築地七-四-四-二〇一　〒一〇四-〇〇四五
電話〇三-三五四二-三七三一　FAX〇三-三五四一-五七九九
ホームページ=http://www.tsukiji-shokan.co.jp/
印刷・製本――株式会社シナノ
装丁――今東淳雄(maro design)

 ISBN 978-4-8067-1371-5 C0075

くわしい内容はホームページで。URL=http://www.tsukiji-shokan.co.jp/

●築地書館の本

＊総合図書目録進呈。ご請求は左記宛先まで。
〒一〇四－〇〇四五　東京都中央区築地七－四－四－二〇一　築地書館営業部
《価格（税別）・刷数は、二〇〇八年七月現在のものです。》

森林観察ガイド

驚きと発見の関東近郊10コース

渡辺一夫［著］　一六〇〇円

森林インストラクター（森の案内人）ならではの豊富なウンチクと情報をコンパクトにまとめた、森林散策を楽しむための本。森林の成り立ちがわかるコラムも収録。もっと面白く、もっと深く森が歩くことができる！

週末は「婦唱夫随」の宝探し

宝石・鉱物採集紀行

辰尾良二＋くみ子［著］　一六〇〇円

「宝石」にキョーミのなかった夫が、究極の「石」好き（妻）に日本全国連れ回された？　アウトドア好きワクワク、鉱物好き苦笑いの実録・珍道中エッセイ！　笑いながら読むうちに、あなたも立派な鉱物好きに。

アユと日本の川

栗栖健［著］　一八〇〇円

日本一の桜の名所・吉野山の麓を巡る大和・吉野川。江戸時代から大阪でも名高かった「桜アユ」のふるさとである。
この川をフィールドにして、一年間で一生を終えるアユの生態と、アユを育む日本列島の河川のあり方を丹念に追う。

ここまでわかったアユの本

変化する川と鮎、天然アユはどこにいる？

高橋勇夫＋東健作［著］　二〇〇〇円　◎6刷

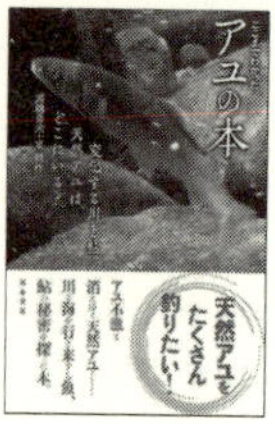

フィールドからのアユ学！　アユ不漁と消えゆく天然アユ……。川と海を行き来する魚、アユの秘密を探った本。川に潜ってアユを直接見てきたアユ研究者がわかりやすく語る、本当のアユの姿。

●築地書館の本

樹木学

ピーター・トーマス［著］　熊崎実＋浅川澄彦＋須藤彰司［訳］

二五〇〇円　◎5刷

豊饒の海と謳われた有明海の自然は、諫早湾潮受堤防の締め切りによって、どう変化したのか？　潮の減衰、環境の崩壊、漁業の衰退の実態と原因を、蓄積されたデータをもとに明らかにし、有明海再生の道を探る。

アメリカの国立公園

自然保護運動と公園政策

上岡克己［著］　二八〇〇円

アメリカの国立公園の成立・発展過程をたどりながら、アメリカの自然観や環境意識の変遷を問い直す。政治・歴史・文化・自然・環境の諸領域をカバーして展開する、ユニークなアメリカ近現代史。

田んぼの生き物

飯田市美術博物館［編］　二〇〇〇円　2刷

春の田起こし、代掻き、稲刈り……四季おりおりの水田環境の移り変わりとともに、そこに暮らす生き物の写真ガイド。魚類、爬虫類、トンボ類などを網羅した決定版。生き物と田んぼの美しさを同時に楽しむことができるオールカラー田んぼ図鑑。

田んぼで出会う花・虫・鳥

農のある風景と生き物たちのフォトミュージアム

久野公啓［著］　二四〇〇円

「農」の魅力を再発見！　百姓仕事が育んできた生き物たちの豊かな表情を、美しい田園風景とともにオールカラーで紹介。ありのままの自然と生き物と人間の営みを見たい。そんな願いを叶える素敵な1冊。